融合 升级 超越

——职业学校高质量发展的校本实践

姜汉荣 著

中国矿业大学出版社

·徐州·

图书在版编目(CIP)数据

融合 升级 超越:职业学校高质量发展的校本实践 / 姜汉荣著.—徐州:中国矿业大学出版社,2023.9

ISBN 978-7-5646-5983-7

Ⅰ.①融… Ⅱ.①姜… Ⅲ.①职业教育－发展－研究－中国 Ⅳ.①G719.2

中国国家版本馆 CIP 数据核字(2023)第 187720 号

书　　名	融合 升级 超越
	——职业学校高质量发展的校本实践
著　　者	姜汉荣
责任编辑	徐　玮
出版发行	中国矿业大学出版社有限责任公司
	(江苏省徐州市解放南路　邮编 221008)
营销热线	(0516)83885370　83884103
出版服务	(0516)83995789　83884920
网　　址	http://www.cumtp.com　E-mail:cumtpvip@cumtp.com
印　　刷	苏州市古得堡数码印刷有限公司
开　　本	787 mm×1092 mm　1/16　印张 9.25　字数 166 千字
版次印次	2023 年 9 月第 1 版　2023 年 9 月第 1 次印刷
定　　价	46.00 元

序

改革开放以来,特别是党的十八大以来,以习近平同志为核心的党中央高度重视职业教育工作。2019 年 1 月,国务院印发《国家职业教育改革实施方案》,明确职业教育"与普通教育是两种不同教育类型,具有同等重要地位",强调了现代职业教育体系建设在中国式现代化进程中的重要位置与重大意义。以类型定位为基础,国家和地方一系列配套政策分别对职业教育改革的关键领域和重点任务进行了再部署、再落实,目前已经建成世界上规模最大、结构最丰富的职业教育体系,为我国经济社会发展提供了有力的人才和技能支撑。2020 年 9 月,教育部等九部门联合发布《职业教育提质培优行动计划(2020—2023 年)》;2021 年 10 月,中共中央办公厅、国务院办公厅出台《关于推动现代职业教育高质量发展的意见》,这表明我国职业教育开始迈上质量提升和特色培育的发展新阶段;而这也是我国职业教育现代化发展的必经阶段和必由之路。

党和国家所擘画的职业教育现代化宏伟蓝图怎样才能真正实现?身处基层的职业学校该有怎样的实践和作为呢?最近考察了一些职业学校,也与一些校长进行了沟通交流,让我欣喜和感动的是,在职业学校里,有一群职教人,他们饱含对新时代职业教育的深厚情感,带着对中国式职业教育现代化的一份美好愿望和憧憬,以舍我其谁的勇气、时不我待的坚韧、不负韶华的誓言,立足基层努力将党和国家的顶层设计转化为生动的实践。姜汉荣和他所在的江苏省通州中等专业学校就是这群人中的一个、这批职业学校中的一所。过去,我们大都知道他们坚持"学必期于用,用必适于地"的职教办学理念,做了很多努力,也形成了一定的特色和成果。最近,当我拜读了姜校长的《融合 升级 超越——职业学校高质量发展的校本实践》,对他们的思考和做法有了进一步了解。

在我看来,融合、升级、超越是这本书的三个关键词,可谓意蕴十足、情怀十足。关于融合,习近平总书记指出,要"推进职普融通、产教融合、科教融汇,源源不断培养高素质技术技能人才、大国工匠、能工巧匠",而融合就是推进"三融"的基本旨归。姜校长所在的江苏省通州中等专业学校(简称"通州中专"),作为一所县域职业教育中心校,办学资源有限,但他们能够顺势而为,准确地把握中国式职业教育现代化的发展要求,坚定地从中华优秀传统文化中挖掘时代元素,厚植校园"合文化",纲举而目张,从办学功能的融合到育人目标的融合,从专业设置的融合到人才培养方案的融合,从教与学的融合到校与企的融合,一系列融合提升了学校原有的文化与价值生态,真正把"融合"融入了师生的血脉里,成为高质量发展的时代基因,也推动了学校更好服务和融入新发展格局。关于升级,在通州中专,不仅仅是智能化改造、数字化转型背景下职业学校硬件条件改善、专业发展的物理性变革,更是在新发展阶段办学定位的提档。从面向就业,到促进就业,再到服务学生全面发展和经济社会发展,学校办学面向的一次次升级,让通州中专的办学功能不断优化,实现了学校功能的全面跃升,打造出了县域职业教育功能综合体,提升了职业教育的社会服务贡献度、美誉度和吸引力。难能可贵的是,通州中专还积极对接东西协作、乡村振兴等国家战略,为服务中华民族伟大复兴做出了应有贡献。关于超越,这是职业教育现代化发展的应然价值取向。我更倾向于把超越理解为办学理念、办学质量上的超越,其最为显性的表现就是人才培养质量的超越,而且是一种可测量的增加值。通州中专坚持以"办一所充盈着生命生长的职业学校"为目标,把学生发展放在首位,力求给学生提供更丰富的学习选择,搭建更广阔的展示舞台,激发更澎湃的成长动力,在现代化专业群建设、教师教学创新团队建设、精品课程建设、融合教学改革、"双优"计划创建等方面下足功夫,提升了学校关键办学能力,筑牢了学生成长成才之基,实现了学生全面发展、高质量发展。诚然,书中所述及其所表露出来的主张要远比我的理解深邃得多,我只撷取一二,抛砖引玉罢了,读者尽可仁者见仁、智者见智。

"十年如一日,广照及重渊。"本书浸润着作者数十年来职教工作的酸甜苦辣,凝结着作者职教办学的睿智和改革创新的胆略、担当,既有理性思考,更有生动实践,为我们呈现了一段职业学校高质量发展的难忘历程,令人耳目一新。"融合、升级、超越",既是自成职教办学的理论体系、发展的进阶路径,具有较强的逻辑自恰;同时也不乏改革创新的实践范式,书中鲜活的案例为职业学校的发展和蝶变具象了实践任务,这是一种借鉴,也可以视作中国式现代化进程中职业学校高质量发展的实践样本,一个县域职业学校现代化办学实践的"工具包"。我深以为本书值得职教一线的管理者一读,当然,如果有机会的话,我倒更建议同志们去通州中专实地看一看,或许会有更多的收获。

培养德智体美劳全面发展、堪当民族复兴大任的时代新人,这是一场接力赛,任重而道远。2023年5月29日,习近平总书记在中共中央政治局第五次集体学习时发表重要讲话,强调加快建设教育强国,为中华民族伟大复兴提供有力支撑。这是习近平总书记关于教育重要论述的新的深化与发展,为我国职业教育发展提供了新的根本遵循和行动指南。可以说,职业教育在教育强国建设中前途广阔、大有可为。面对科技、产业和教育范式的深刻变革，我期许姜校长、通州中专和更多的职业学校，能够深入贯彻新时代党的教育方针，坚持落实立德树人根本任务，深化职业教育改革与创新，强化教育、科技、人才三位一体化协同创新，着力提升人才培养质量。进一步深入实践探索新时代职业学校高质量发展之路，累积经验、树立典范，努力回答好"培养什么人、怎样培养人、为谁培养人"这一国之大者的根本问题，为中国式职业教育现代化做出新贡献。

2023 年 9 月于北京

（王扬南，中国职业技术教育学会常务副会长，教育部职业教育发展中心原主任）

目　录

第一章 创造价值与高质量发展

2022 年 8 月 19—20 日,世界职业技术教育发展大会在中国天津召开,大会通过了《天津倡议》,认为"职业教育是创造价值的教育,可帮助人们获得技术技能,增强创新意识和能力,积极应对环境变化,是以能力为本位、需求为导向、贯穿人一生的教育,是提升产业效能、促进持久包容和可持续经济增长的重要力量,是促进充分和生产性就业、增进人民福祉、创造美好生活的重要途径"。这是对职业教育办学价值的充分肯定。因为无论是满足个体在认识世界、改造世界、创造世界过程中所需要的技术技能以及创新意识和能力,还是促进经济社会可持续发展等方面,职业教育都发挥着不可替代的作用和价值。正如习近平总书记所指出的,职业教育与经济社会发展紧密相连,对促进就业创业、助力经济社会发展、增进人民福祉具有重要意义。进一步厘清职业教育的本真价值,可以增强我们推动实现中国特色职业教育现代化发展的道路自信、理论自信、制度自信和文化自信,提高新时代技术技能人才培养的质量和水平,对当前职业教育发展具有重要的实践指引作用。

第一节 职业教育是创造价值的教育

一、职业教育价值的基本特征

马克思主义认识论认为,价值是客体能够满足主体某种需要的属性,满足的程度标志着价值的大小,客体对主体的满足度越高,价值就越大,反之则越低。由于职业教育的发生与发展都有其特定的历史背景和时代特征,所以我们对职业教育的价值追求,需要在实践中把握好主客体关系,并从中形成正确的认识。

(一)职业教育价值的历史性

价值的存在是客观的,而其所反映的形式又是主观的。也就是说,价值的主客体关系始终存在,并不会因为人的意志的转移而转移;但世界现象的多样性,决定着价值所表现出来的主客体关系的形式是多样的、主观的,这些不同的表达方式显然是由不同历史阶段的生产力发展水平和具体的生产实践所决定的,并表征着价值的本质。所谓职业教育价值的历史性,就是指在不同的历史阶段,职业教育满足人和社会发展需求所呈现出的阶段性特征,具体表现为职业教育的办学目标与人才培养目标是一个不断变换的、主观的动态发展过程,与之对应的不变的、内隐的本质则是职业教育对社会发展的满足。细究我国职业教育发展史,大体呈现出三个明显的阶段性特征。

1. 实业教育

我国现代意义上的职业教育是在帝国主义坚船利炮攻打国门的历史背景下产生的。在积贫积弱的旧中国,有识之士开始睁眼看世界,提出了"习兵战不如习商战"的主张,认为唯有实业才能救国。面对实业振兴所面临的人才匮乏和技术短缺的困境,以培养实业人才为目标的实业教育成为旧中国抵抗外侮的重要途径。民国时期,黄炎培的大职业教育主义主张"构建由职业学校教育、职业补习教育、职业指导、农村改进实业和劳工教育一体化的全方位职教系统",使职业教育成为为普通民众服务、具有平民化和开放性色彩的教育类型。同时,陶行知的"平民教育""乡村教育",张謇的"母教育、父实业"等,都主张"谋个性之发展,为个人谋生之准备,为个人服务社会之准备"等价值追求。从结果来看,实业教育为民族资本主义的发展确实提供了一定的人才支撑,在国家危亡之际点燃了近代工业发展的星星之火。这一时期的职业教育思想本土化发展奠定了我国职业教育的理论基础,直至今天仍有重要的指导意义。

2. 技术教育

新中国成立后的国家工业化建设和改革开放后的社会主义现代化建设都迫切需要大量能够胜任岗位需要的初中级技术人才,以达到强国的目的。从某种意义上来说,我国当代职业教育就大致兴起于这一时期。1985年出台的《中共中央关于教育体制改革的决定》明确提出,社会主义现代化建设不但需要高级科学技术专家,而且迫切需要千百万受过良好职业技术教育的中、初级技术人员、管理人员、技工和其他受过良好职业培训的城乡劳动者。在国家政策指引下,各地开始兴办各类职业学校,一大批中等专业学校和技工学校建立起来,以培养和推广技术为主,重视与生产劳动实践相结合,为国家工业化建设培养了一大批实用性人才,有效满足了以劳动密集型为主的工业企业的用工需求。

有资料表明,1949—1956 年,我国中等专业学校的在校生数由 7.7 万人发展到 53.8 万人,技工学校在校生由 2 700 人增加到 11 万余人,有效提高了技术教育的社会地位。

3. 职业教育

我国经济发展方式转变和产业结构调整,使经济增长方式逐渐依赖于科技进步和劳动者素质的提高。1996 年颁布的《中华人民共和国职业教育法》把"职业技术教育"修改为"职业教育"。进入新发展阶段,我国经济发展方式加速演变,产业转型升级步伐加快,人的素质养成和全面发展成为职业教育关注的重点。2014 年出台的《国务院关于加快发展现代职业教育的决定》强调,现代职业教育的发展应坚持以立德树人为根本,职业教育应服务经济社会发展和人的全面发展。事实上,"立德树人"在我国漫长的职业教育发展历史上一直被推崇,实业教育时期对通才的培养要求"首重道德""敬业乐群",新中国成立后的技术教育时期要求培养"德、智、体、美全面发展的社会主义建设者和接班人"。现代职业教育的发展坚持以立德树人为根本任务,这是职业教育的核心育人观。2022 年 5 月 1 日新修订的《中华人民共和国职业教育法》正式施行,该法从类型教育的角度确立了职业教育与普通教育所具有的同等法定地位,由此在国家顶层设计上推动实现了职业教育价值的本真回归。

(二) 职业教育价值的现实性

价值即有用,而有用又是与现实所需密不可分。换言之,职业教育的价值,即有用性,观照的正是今天经济社会发展的需求,如果职业教育还停留在过去的办学目标与价值追求上,那对于今天的发展来说就是低效甚至无用的,就是没有价值的。从经济社会需求侧来说,职业教育可以也应该满足"服务经济结构转型升级的迫切需要",从而在更大程度上创造出应有的价值。

1. 职业教育促进了经济社会的发展

世界发展经验表明,职业教育与经济社会发展紧密相连,二者相互影响、相辅相成。在经济发达国家和地区,职业教育的发展具有先发优势,技术技能人才的供需关系也相对平衡。在我国,职业教育历经 40 多年的发展,由边缘走到中心,成为支撑中国制造、中国创造的重要基础。《中国职业教育发展报告(2012—2022 年)》指出,近十年来,我国职业教育累计为各行各业培养输送 6 100 万高素质劳动者和技术技能人才,在现代制造业、战略性新兴产业和现代服务业等领域,一线新增从业人员 70% 以上来自职业学校毕业生;职业教育促进中国人口红利的释放与实现,推动先进技术和设备转化为现实生产力,为中国产业链、供应链保持强大韧性、行稳致远提供了基础性保障和有生力量。

2. 职业教育增加了社会发展的确定性

在新发展阶段,面对世界百年未有之大变局,各国纷纷开始寻找应对之策,以保证本国产业安全、促进经济发展。纵观全球经济的发展,完整的产业链显然更具有确定性和安全性,因为产业链关照的是某一产业上、中、下游之间的关联性和整体性,相对于其他产业具有独立性和自主性,所以产业链的风险防范能力和发展韧性会更强。产业转型升级加速、经济发展迟缓等诸多不确定性给职业教育带来了新的挑战。由于产业结构处于不断变化、发展之中,以智能制造为代表的新一轮科技革命和产业变革促进了产业的分化与聚合,新技术、新产业、新业态、新模式的"四新"经济突飞猛进,加快了产业与职业教育互动的频率,这种高频率的良性互动一定程度上确保了职业教育支撑产业发展的可靠性和高价值。可以肯定的是,职业教育已经成为世界各国增加社会发展确定性的重要战略选择。

（三）职业教育价值的全面性

本质上,价值不仅在纵向上标志着满足的"度",也在横向上体现了满足的"面",也因此,职业教育作为类型教育,其所满足的全面性依然可以视作价值的重要尺度。

1. 职业教育发展的自洽性

职业教育有其自身固有的发展规律是类型教育的特质所决定的。首先,产教融合、校企合作为职业教育发展提供动力源泉,这不仅表现为职业学校必须紧跟产业发展而发展,还表现为职业学校与企业不再只是单一线性的人才供求关系,二者更是职业教育的平等办学主体,在人才培养的全过程、各环节都是双向赋能的合作关系。其次,现代职业教育体系是职业教育发展的本体生命,特别是中高等职业教育的贯通,促进了技术技能人才培养向高级化、生涯化发展,积蓄了职业教育高质量发展的类型体征与意蕴。再次,普职融通发展促进了职业教育与普通教育的相互认知,在减少二者矛盾的同时,丰富并畅通了学习者的学习选择,促使职业教育走上了"适合教育"之路。

2. 职业教育发展的适应性

1993 年印发的《中国教育改革和发展纲要》要求职业教育"应主动适应当地建设和社会主义市场经济的需要,面向市场需求、为社会建设服务",这是国家层面首次明确提出职业教育的适应性。习近平总书记两次对全国职业教育大会做出指示,2014 年要求职业教育"牢牢把握服务发展、促进就业的办学方向……努力让每个人都有人生出彩的机会",2021 年明确指示"增强职业教育适应性"。至此,"增强职业教育适应性"正式确定为新时代职业教育发展的指导思想。职业教育作为国民教育体系和人力资源开发的重要组成部分,总能通过自身的变革来适应行业、产业、企业的发展,并融入新的发展格局之中。例如,一方面,为应对地方产业结构的变化,职业学校往往会紧盯地方产业布局,通过优化专业结构来提高适应性;另一方面,统筹区域职业教育资源,精准做好专业布点,实现职业学校专业的错位发展、协同发展。

　　3. 职业教育发展的多样性

　　这是由我国产业的不同特征和不同产业发展所处的不同阶段所决定的。主要体现在三个方面:一是职业教育所满足的对象是多样的,包括了应届毕业生、再就业人群、岗位适应性培训人员等,这也是其作为终身教育体系的一部分所决定的;二是职业教育的传递途径和方式是多样的,以中国特色学徒制为代表的新型育人模式,以"做学教合一""工学结合"等为代表的典型教学方式方法,以"1+X"证书制度为代表的评价方法等,都彰显出职业教育的包容性,昭示着职业教育价值的全面性;三是职业教育的层次是多样的,从初级的职业教育启蒙,中级的中等职业教育,到高级的高职大专、职教本科甚或更高学历层次,这既是由产业所处不同层级所决定的,也是由学习者对不同层级教育的追求所决定的。

二、职业教育创造价值的本体实践

　　职业教育的发展过程,是一个创造价值的过程,而职业教育所创造的价值既有满足当下的属性,比如培养高素质技术技能人才,满足人的生存与发展的需要,或者通过培养高素质技术技能人才满足产业和社会高质量发展的需要;也有面向未来的属性,比如对产业中高端发展所需人才的岗位迁移能力的培养,职业教育对人的可持续发展、终身发展的支持等。职业学校可以在把握职业教育价值历史性、现实性、全面性特征的基础上,开展基于价值创造的本体实践。

　　(一)以功能定位彰显价值创造的全面性

　　职业教育的功能,是指"职业教育内部诸要素的本质联系以及与政治、经济、文化等其他社会系统相互作用的结果反映,既具有教育的一般功能,又具有鲜明的职业倾向性"。其价值的内在规定性表明,职业教育必须满足独立存在的外部世界的需求,这些外在的需求也是丰富而全面的,这与职业教育资源的天然禀赋密不可分。

1. 课程资源的价值创造

课程和课堂是教育的核心地带,也是未来职业学校核心竞争力的重要体现。职业学校的课程是否丰富,能否满足不同人群的多样化需求,是衡量职业学校创造价值大小的决定性"尺度"。

职业与就业创业课程为学生更高质量就业奠定基础。职业技术教育是职业学校的基本功能,也是其区别于其他类型教育的本质特征。通过专业理论课程的学习和技术岗位课程训练,学生可以掌握最基本的谋生手段;也可以通过一定阶段的课程学习,实现升学和深造。创业则是最好的就业,开发、建设与实施创业课程、培育创业项目,可以更好地为学生创造高质量的就业机会,促进和稳定就业。

社会培训课程为适岗和再就业人群提供机会。职业学校在师资队伍、课程资源等方面的优势,可以确保能够开展面向不同人群的社会培训。社会培训课程可以进一步提高被培训者的技术技能和岗位适应能力,增加他们的就业机会,促进职业生涯的可持续发展,并在整体上改善产业工人队伍的素质结构和竞争力。

2. 专业资源的价值创造

专业建设是职业学校建设与发展的核心,也是职业学校的核心竞争力之一。而在类型教育的基本语境下,专业建设的质量与价值开始趋向于外显和开放,除了服务学生的专业成长之外,还包括在产教融合、校企合作领域的价值创造,以及对整个教育领域的价值贡献度。

技术服务为行业企业创造附加值。职业学校的专业技术人才相对集中,创新团队的科研攻关、技术服务可以延伸到本地行业企业的生产实践中,科研成果的转化也可以赋能企业生产与发展。比如,职业学校的发明创造应用到车间里,就可能在新产品开发、新技术改进等方面发挥作用、提高效能。

职业启蒙教育开创普职融通新局面。2019年《国家职业教育改革实施方案》(国发〔2019〕4号)提出,鼓励中等职业学校联合中小学开展劳动和职业启蒙教育。2021年中共中央办公厅和国务院办公厅印发的《关于推动现代职业教育高质量发展的意见》提出,要加强各学段普通教育与职业教育渗透融通,在普通中小学实施职业启蒙教育,培养掌握技能的兴趣爱好和职业生涯规划的意识能力。许多职业学校把职业体验活动作为职业启蒙教育的具体形式之一,在课程开发、活动实践等方面进行了一定规模的实践探索,提升了普通教育和社会大众对职业教育的价值认同感和接受度。

3. 环境资源的价值创造

职业学校的环境建设与布局一般会按照办学的功能定位和专业建设的需要,突出职业性和实践性等特点,发挥出独特的育人价值。

校园文化营造育人氛围。职业学校的校园文化融入企业文明的观点和做法具有广泛共识,并在实践中取得了成效。具体来说,企业岗位的真实生产情境、内容、过程、标准及评价可以引入职业学校的课堂,并以此作为"三教"改革的切入点,提高职业教育的适应性;技能大师、能工巧匠、劳动模范等先进群体可以进入校园,或进行平面宣介,或组织讲座讲堂,示范引领学生专业成长;还可以建立专业体验馆、行业产业主题公园等,帮助学生增强职业认知。

在地资源促进劳动教育。职业学校设施设备和实习实训场所的资源优势,有助于发挥职业教育的辐射功能。特别是职业教育与生俱来的劳动教育基因,相较于普通教育,可以更加深入地推动实施劳动教育。一方面,专业技能课程教学本质上就属于劳动教育的一种形式,其过程始终处于操作和实践的要义之中,以期达到创造社会财富和价值的目的;另一方面,利用自身特有的资源建设劳动教育基地,开展形式多样的劳动教育,比如依托农业产业园开展以耕读文化为主要内容的现代劳动教育,以专业的设施设备和场所开展社会志愿服务劳动。

(二)以专业优化体现价值创造的现实性

职业教育的现实价值在于其服务经济社会发展的贡献度,最直接的体现就是专业与产业的吻合度,专业越贴近产业,二者的结构越吻合,职业教育就越容易发挥服务功能,其之于经济社会发展的价值和贡献度也就越大。保罗·毕晟在《当心空隙:英国职业教育理论与实践》一书中针对"职业教育和培训课程与工作场所实际所需技能之间的不匹配现象"提出"空隙"这一概念,还是在强调专业与产业的吻合度。归根到底,要使价值创造的最大化,就是要基于职业教育的类型定位来增强专业建设的适应性,以最大限度弥合专业与产业的"空隙"。

1. 基于"群""链"促进专业建设的适应性

《中共中央关于制定国民经济和社会发展第十四个五年规划和二〇三五年远景目标的建议》明确提出要"增强职业技术教育适应性"。而所谓职业教育适应性,就是指"职业教育在与外部环境互动中的一种融洽度",主要表现在两个方面:一方面是指职业教育所培养的人才对国家社会经济发展需求的满足度;另一方面是职业教育在与外部经济政治文化的互动中能否得到可持续发展。具体到专业建设上,最突出的就是专业与产业的互动与对接。当前,经济结构的转型升级导致职业教育供需关系发生了明显变化,其中较为明确的就是产业链的发展安全性、确定性更为可靠,向中高端升级也是现代产业发展的趋势之一。产业链的发展需要专业建设突出"群"的意识,要推动建设现代化专业群,也就是以产业群为基础,按照"群"或"链"的相关逻辑来构建专业群,无论是专业设置和招生,还是人才培养和课程设置,都需要体现"群"的概念,比如专业群招生、群课程平台建设,以"群"拓宽基础,进而增强专业适应性。同时,产业的中高端发展推动人才培养向高级化转变。这就要求职业学校遵循职业教育的类型发展规律,通过举办职教本科,健全完善现代职业教育体系,实现中高等职业教育的贯通培养,进而以人才高素质培养适应产业中高端发展的需要。

2. 以路径优化促进专业建设价值的可持续性

对接专业目录。专业目录不仅仅是对某个专业名称的确定,更是对专业建设内涵的再确定。近 10 年来,我国职业教育主动适应经济结构调整和产业变革,多次调整专业目录,更新幅度超过 70%,本质上这是由不同发展阶段的生产力水平决定的——生产工具和生产方式的革新必然要求技术进步。也因此,专业名称的变换意味着专业建设有了新内涵,包括人才培养目标、课程标准及课程群的结构等,而职业学校专业建设的价值也就存在于这种动态的调整、变换之中。从合规性的角度来说,职业学校也必须按照国家颁布的专业目录来推进专业建设。

统筹专业布点。目前,职业学校专业建设领域存在的主要问题之一是同一区域的专业重复设置,造成职业教育的重复投入和资源的浪费。统筹区域专业布点,可以从两个方面入手:一方面,由地方教育行政主管部门调研区域内产业布局和技术技能人才需求状况,并发布相关报告建议、引导各职业学校错位设置专业布点,集中优势资源实现特色发展;另一方面,建立中等职业学校和高等(含高职大专、本科)职业学校衔接机制,包括对应的专业结构、生源规模,甚至是更深层次的人才培养目标、课程标准、课程设置、教学组织与实施、教学评价等，进而形成同一区域的职业教育命运共同体，以高等职业教育带动中等职业教育，提高办学适切性和人才培养质量。

专业转型升级。进入智能化、数字化新时代，许多专业面临转型升级的挑战。这种转型升级既包含数字赋能背景下同一专业的发展新阶段，也包含产业变革背景下不同专业的融合发展。一方面，主动投身新专业建设。职业学校可以对接区域新兴产业，直接布局新专业建设，并通过校企合作提高对新专业的发展认知度和理解力。另一方面，积极整合专业资源。充分利用既有专业资源，在多个专业的整合中突出优势专业的重组；或以"老"振"新"，在被淘汰、裁撤专业中最大限度保留仍可利用的部分，如核心课程、实训设施设备。这样，可以最大限度地避免专业资源的浪费，还可能继承和发扬原有专业的建设经验。

（三）以人的全面发展突出价值创造的历史性

在中国式现代化的新征程上，我国已明确把职业教育法定为一种教育类型，职业教育的本真价值仍然是落实立德树人根本任务、促进培养德智体美劳全面发展的社会主义建设者和接班人，并使之成为中华民族伟大复兴的中坚力量。只有人的全面发展，才有可能实现高质量发展和全面现代化，这是由新发展阶段党的中心任务所决定的。职业教育的实践不能窄化为技术性、技能性活动操作过程的集合，而是技术层面"如何做"的活动与道德层面"如何做才有意义"的伦理性活动的结合，是求真、求善、求美相统一。

1. 在求真上，就是要帮助学生掌握一技之长，以谋得幸福

职业发展以技术为基础，并以技术教育实现职业生涯的可持续发展；技术以职业发展为目标，最终实现就业创业。从某种意义上来说，职业教育的最基本目标就是帮助学生获得一技之长，以解决生存问题。所以，职业学校理应把技术技能的培养放在突出位置，想方设法提高学生技术技能。所谓"如何做"，首先是要让学生明确自己以后"做什么"，以及"在哪里做"。前者强调做的内容，就是需要把企业里的真实生产复制、映射到职业学校的课堂里来；后者强调做的环境，就是需要讲清楚"做"的条件有哪些，二者都是在增加"做"与"学"的黏合度。然后才是"如何做"，也就是做的方法，需要掌握的技术技能，以及熟练程度。

2. 在求善上，就是要培养学生工匠精神，以成长为大国工匠

新修订的《中华人民共和国职业教育法》明确指出，职业教育必须"坚持立

德树人、德技并修"。显然,学生知道"如何做"只是解决了"技"的问题,职业学校还必须解决"德"的问题,即教人"求善"。一方面,教育、引导学生爱国明理。要在社会主义核心价值观的实践中,让学生充分体认到每一个人都是中华民族伟大复兴的实践者、亲历者,并真正树立起技能报国的远大志向。另一方面,教育、引导学生精益求精。要在技术技能教学中渗透工匠精神、劳模精神的培育,要把大国工匠、劳动模范请进学校,近距离感受他们的精湛技艺和人格魅力,从而吸引学生向榜样学习。

3. 在求美上,就是要促使学生学会创新创造,以美化世界和生活

美与价值是统一的,求美的过程也是创造价值的过程。技能改变生活,技能也美化生活。学生学习、掌握、运用技能的过程就是一个创造价值和美化世界的过程。

美在创新。职业教育不止于对已有知识、技能、方法的传递和对现有世界的认知,还在于在对已有知识、技能、方法学习继承的基础上生成新的知识、技能、方法,这是职业教育创造价值的重要体现,这种生成在本质上就是创新。创新是美的固有基因,是高质量发展的驱动力,唯有创新,才能创造出更高的本真价值。首先是知识创新,世界的发展进步是由实践推动的,而新的实践产生了新的知识,并改变了人们对世界的认知,这是创造美与价值的认知基础。其次是技能创新,新的实践孕育新的技能,新技能推动新实践,一次技术改进,一项发明创造,就可能产生巨大的经济效益与价值,这是创造美与价值的技术保证。再次是方法创新,包括生产方式方法的变革,相较于知识、技能,方法创新更为重要,因为在知识、技能一定的情况下,通过方法创新,比如知识重组、序化的方法,技能运用领域的拓展,都可能创造出新的知识、技能,进而更高效地改造世界、创造价值。

美在劳动。从广义上来说,人类劳动创造了一切美好的事物,也满足了人和社会发展的所有需求,并在劳动中改造了自己。职业学校要利用"做"的天然禀赋在职业教育中融入劳动教育。首先是营造"劳动光荣"的氛围,让学生崇尚劳动,树立强烈的劳动意识;其次是在技能教学中强化劳动教育,增强学生"做"的本领;再次是改革评价机制,把各类劳动成果纳入学生综合素质评价的范畴。同时,职业学校的劳动教育还包括传统技艺的传承,把非遗文化引入校园,感受、认同并弘扬中华优秀传统文化,从而通过劳动在传承美的同时创造美。

三、面临的挑战

职业教育前途广阔,大有可为。但中国特色职业教育的现代化发展是一项在探索中前行的系统工程,在创造价值的同时必然会面临许多新的问题和挑战。如何应对这些问题和挑战,值得国内职教界进一步思考和探究。

一方面,价值追求可能引发的功利主义办学行为。部分职业学校片面追求办学价值和贡献度,热衷于"冠军"效应,面向少数"精英"学生,在大赛成绩、升本率等方面下功夫,背离了职业教育"以服务发展、稳定就业为导向"的办学初衷,出现了短视和功利主义办学行为,损害了职业学校的内涵建设,并不利于职业教育的长期健康发展。有什么样的评价指挥棒,就有什么样的办学导向。职业教育应切实贯彻《深化新时代教育评价改革总体方案》,通过面向人人的教育评价改革,落实好立德树人根本任务,把每一个人的全面发展作为职教办学的最大价值追求。

另一方面,价值创造的全面性可能导致职业教育的"超载"问题。职业教育作为类型教育,其办学功能是有办学边际的,"应为"是必须要做的,比如专业建设、课程开发;而"可为"则因校而异、量力而行,比如技术服务、开放教育。只强调职业教育价值创造的全面性,有可能让部分职业学校不堪重负,因为这跟地方性政策、行业产业发展现状及需求、院校办学实际等密切相关。正视和解决这一问题的关键在于职业教育价值的本真回归,就是要以专业特长、自身禀赋来做专业的事,做到求精求特但不贪多,以实现价值创造的可持续性。

第二节　职业学校发展的高质量

高质量发展的显著特征是能够满足人民日益增长的美好生活需要,充分体现新发展理念,是经济、社会、文化、生态各领域的总要求。我国职业教育经过"十三五"期间的改革创新,取得了长足进展,业已迈入提质培优、增值赋能的高质量发展新阶段。党的十九届五中全会审议通过《中共中央关于制定国民经济和社会发展第十四个五年规划和二〇三五远景目标的建议》,第一次提出"建设高质量教育体系",这为职业教育的类型发展指明了新方向、新目标,也对职业学校的高质量发展提出了新要求、新任务。具体到职业学校这一微观层面,高质量发展的内涵又是什么?基于生命生长愿景的视角,探究职业学校高质量发展的基本内涵,可以为职业学校在新发展阶段谋求新发展格局,实现高质量发展厘清思路、奠定基础。

一、职业学校高质量发展的生命主体

所谓生命主体，就是具有成长自觉、相对独立的成长系统的有机整体，或者是系统内具备完全生长要素的各个组成部分。职业学校就是一个具有独特个性特征和成长自觉的有机整体，并包含诸多子系统。这些子系统也具有成长自觉，包括各自成长的目标、动力与路径，同样是生命主体。如果把职业学校这一生命主体作为一个矛盾共同体来看的话，那么子系统作为生命主体就可以分为主要矛盾与次要矛盾、主要方面与次要方面。通过去伪存真、去粗取精，不难发现，构成职业学校生命主体的子系统就在于学生、教师和专业。也正是在学生、教师和专业这些子主体的协同作用下，整体上构成了职业学校高质量发展的生命主体。

（一）学生是职业学校发展的中心和灵魂

学生是教育教学的中心，也是职业学校发展的中心。作为职业学校最重要的生命主体，学生的发展质量就是学校的发展质量，学生的发展高度体现的就是学校教育教学与发展质量的高度。对学生来说，其生命主体地位主要体现在目标性、主动性和调适性等方面。目标性是指学生能够根据自身主体特点和需求来确定个性化的成长目标，通过生涯规划设计成长路径、制定办法举措。主动性是学生主体生命自觉的直接体现，能够在教师、同伴等帮助下产生为实现目标而实际付出的强烈意愿。调适性是在面对成长实践中的困难、挑战时，学生能够积极调整思路、状态，优化路径、方案，实现最优化生长。

对职业学校来说，就是要坚持落实立德树人根本任务，以学生发展为中心，为学生创造生长条件、营造生长氛围、厚植生长土壤，全力促进学生德智体美劳全面发展。一方面要通过深化产教融合、校企合作，推动供给侧"三教"改革，锻造长处，补齐短板，以更加适合的职业教育满足学生多样化生长的需要；另一方面要强化校园文化建设，"职业教育要充分考虑师生的发展需求，强化生命发展人文关怀和文化建设，加强师生对职业教育目标的认知认同"，表彰、弘扬生长典型，树立身边榜样，以更加宏大的正能量引领学生积极向上、不断生长。

（二）教师是职业学校发展的第一资源

人力资源是第一资源，教师作为人力资源，与学生相伴而生，是职业学校发展的第一资源。作为生命主体，教师具有自身成长的需求，这种需求除了因应外部要求与压力之外,也不乏来自内在生成的生长诉求。教师在与学生生命主体的互动过程中,表征着职业学校发展的质量。有高质量的教师,才会有高质量的教育和高质量发展的职业学校,这已经成为当下社会共识。

教师必须是学生生命生长的可靠陪伴者。做生命生长的陪伴者,教师首先要注重师德师风建设,坚守教育初心,立志做有理想信念、有道德情操、有扎实学识、有仁爱之心的"四有"好教师,这是基石。其次要能够清晰认识学生,掌握学生现阶段的群体心理特征、学习基础、行为习惯、思维方式等,也要掌握学生未来生存、发展的环境与需求,并产生强烈的认同感,这是起点。再次是要深入创新创造,从自我革命入手,在"三教"改革中与时俱进、完善自我,为学生生命生长提供更为可靠的支持,这是关键。

教师还必须是生命生长成果的共享者。教师固然是学生生命生长的陪伴者、贡献者,但同时,教师也是生命生长的主体,是生命生长成果的主要共享者。从某种程度上来讲,教师作为生命主体具有自身生长的冲动和规律。其生长冲动存在于对学生生命生长的高预期,这种高预期又反作用成为教师生命生长的动力源泉;而生长规律之一就是教学相长,教师帮助学生生命生长,学生则牵引着教师生命生长。显然,教师在师生双主体的互动中、在学生生命生长中享有了自己的生命生长成果,形成了无可替代的获得感。

（三）专业是职业学校发展的核心地带

专业建设是职业教育与普通教育的本质区别,职业教育构建类型教育的完整体系也正是以专业建设与发展作为基本语境的。离开专业办职教,职业教育永远成不了类型教育,职业学校也只能纸上谈兵,完成不了高素质技术技能人才的培养目标。

专业的生命力在于专业特色。特色,是学校在质量发展到一定阶段形成的,即"人无我有,人有我优,人优我精",实质上也是发展质量的标志,高质量的职业学校必定是有特色的学校。特别是职业教育进入发展新阶段,职业学校的专业建设不再仅仅单纯满足学生就业需求,还有满足学生、家庭和社会对更加美好生活的需要,以及学生创业和生涯发展的需要。这就要求职业学校不断增强专业适应性,柔性化开展专业建设,不求规模,但求对不同生命主体生长的高满足度。

专业建设的核心在于标准开发。世界上职业教育的竞争,最终都体现在标准领域的竞争。与之相应,未来职业学校的竞争,就是标准的竞争,包括基于人才培养目标的教学标准、专业课程标准、培训标准、技术标准、评价标准等。标准是规范，是职业教育与经济社会及产业内外交互作用的前提，也是发展的依据。科学合理的标准可以促进专业建设与发展，而高质量的标准体系必定引领专业建设高质量发展。开发标准的立足点在于产业标准、行业标准，落脚点则在于生命主体的自由生长。

专业建设的动力源泉在于产业发展需求。专业作为生命主体，其发展是动态的，与产业相耦合并基于产业需求而生长。专业建设的价值在哪里？直接价值在于保障高素质技术技能人才培养，间接价值则体现在服务产业和社会上。专业建设何以生长？必定是以产教融合为路径，并服务产业需求。基于新发展格局，我国职业教育的现代化发展不仅要形成"多元取向"的价值理念，还要形成"多元主体共同治理"的供给格局和更加公平有质量的供给品质。专业与产业结合得越紧密，专业主体生长的生命力也就越旺盛。

学生、教师和专业既是各自独立的生命主体，也是构成职业学校有机统一体的基本要素，这是一个分解与统整的过程。在统整过程中，职业学校的理念创新是实现高质量发展的第一驱动力，环境氛围是生命主体和谐共生的表象，良好的学校秩序则蕴含着现代化制度、机制的有效性，涉及治理体系、治理能力建设等方面。现代化的治理体系、高水平的治理能力是职业学校高质量发展的黏合剂、助推剂，有助于生命主体在和谐的氛围中协同创生，并使职业学校在整体上实现高质量发展。

二、职业学校高质量发展的表征

"质量"属于一定衡量标准下的评判话语体系，主要应用于产品和服务的评价表达，体现为产品和服务对于客户的满足度。习近平总书记指出，高质量发展不只是一个经济要求，而是对经济社会发展方方面面的总要求。职业教育亦当如此！从技术技能人才培养供需关系来看，职业学校"高质量"既可以理解为经济社会进入新发展阶段后对于职业教育人才供给形成的新要求，这一新要求将直接转变为职业学校人才培养的"新标准"，而新标准的要素指标相较以往会更高，对需求侧的满足度也更高；也可以理解为职业学校办学的内生动力的生成水平将更高，运行机制将更顺畅，人才培养也将更加高效。基于这样的认识，职业学校高质量发展的表征主要有以下四个。

（一）合法性

"合法性"（legitimacy）是一个政治哲学的概念，公共政策的合法性是指政策目标群体对政府的一种政治价值判断以及对政策的认可和支持程度。职业教育政策属于公共政策的范畴,体现国家意志,合法性是其价值特征之一,也是其被执行的重要前提。

合法性是职业学校高质量发展的前提,可以从两个方面加以理解。一方面是指其源于国家职业教育政策,《国家中长期教育改革和发展规划纲要(2010—2020年)》中明确指出,要把提高质量作为教育改革发展的核心任务;《国家职业教育改革实施方案》也在目标中明确"由追求规模扩张向提高质量转变",并通过制定一系列政策、意见、方案等建构起我国职业教育高质量发展的"四梁八柱"。《职业教育提质培优行动计划(2020—2023年)》则进一步提出,要办好公平有质量、类型特色突出的职业教育,提质培优、增值赋能、以质图强,加快推进职业教育现代化。这些政策、意见、方案等营造了相对稳定的制度环境,成为职业学校办学实践和高质量发展合法性的主要政策依据。另一方面体现在职业学校真正担负起所应承担的法定职责。比如,把培训与学历教育并举,面向社会广泛开展各类技术技能培训,促进提高新时代产业工人队伍素质,切实缓解社会就业存在的结构性矛盾。

（二）根本性

"根本"一词,《现代汉语词典》(第7版)解释为"事物的根源或最重要的部分"。从教育哲学上来讲,教育的根本就是要解决"培养什么人"这一首要即"本源"问题,正如习近平总书记所强调的,培养社会主义建设者和接班人,是我们党的教育方针,是我国各级各类学校的共同使命。

根本性是职业学校高质量发展的出发点和归宿。毫无疑问,落实立德树人根本任务,为党育人、为国育才就是职业学校高质量发展的根本。这一"根本"和"本源"首先就体现为德育为先,必须把社会主义核心价值观教育放在职业学校教育教学极其重要的位置,用习近平新时代中国特色社会主义思想培养人、塑造人;其次是坚持"五育并举",切实健全德技并修、工学结合的育人机制,发扬既有优势,补齐体育、美育和劳动教育短板,促进学生德智体美劳全面发展;再次是着眼学生未来,着力变革现有课程内容与体系,健全学习服务机制,提高学生生存本领,实现学生生涯可持续发展。

（三）适应性

"适应",一般用来指生命有机体人调试顺应,包括事物求得内在协调的自我调控,以及在与客体互动中的主动或被动调整。进入新发展阶段,增加适应性正成为现代职业教育发展的时代命题。可以肯定的是,这种所谓的"适应",绝不是职业教育片面、被动的调适,更不是客体发展的附庸,而是有着客观规定性的内在自觉。

适应性是职业学校高质量发展的内在诉求。一是要适应"类型教育"的基本规律。《国家职业教育改革实施方案》明确职业教育与普通教育是两种不同教育类型,具有同等重要地位。本质上来说,就是职业教育在客观上具有自身发展的基本规律。目前,当务之急一是构建起完备的现代职业教育体系,在纵向上形成"中职—高职—职业本科"贯通培养的新格局。二是要适应产业发展的现实要求。职业教育作为与生产一线最接近的教育,能够把潜在的技术转化为现实生产力应用于经济社会发展中。也因此,职业教育要突出产业需求,向产业开放、向企业开放,成为经济活动的内生变量,成为构成产业链、产品链、供应链、资金链、信息链的"砖瓦"和基本要素。三是要适应人才成长的合理诉求。职业教育的高质量发展已不再局限在"能就业"这个层次,还要面向学生未来,解决"就好业""持续就业"的问题。职业学校就应该在"面向全体学生""面向学生全面"上下功夫,通过深化"三教"改革、"课堂革命"等实践活动,提高学生学习力、发展力。

（四）包容性

包容即容纳,就是能够把不同事物统一起来,共生于同一个空间里。包容的前提是尊重,能够承认事物之间的差异,承认世界是多样性的统一。职业学校高质量发展的质态显然也是多样的,其发展本身体现的正是包容性。比如,尽管职业教育是一种类型教育,但同时在横向发展上,仍然主张普职融通,以开放的姿态与普通教育共生共长。

包容性是职业学校高质量发展的应然价值取向。一方面,这种包容性体现为对学习主体的包容。一是主体来源的多样化,既可以面向在校学生开展全日制学历教育,也可以向社会人员,包括企业在岗员工、再就业群体等举办非学历职业培训,"支持不同群体先学习再就业、先就业再学习、边就业边学习";二是主体自身的差异化,高质量发展一定是面向人人的全面发展,学习基础薄弱,学习能力不足,抑或学习意愿不强,都可以在职业学校里得到发展。另一方面,还体现在对功能定位的包容。高质量发展一定是全面发展,就是职业学校利用自身资源优势,对接社会和产业、企业需求,在功能定位上兼容并包,在学历教育与社会培训并举的同时,可以根据发展实际建设职业体验、社区教育、产品研发、技术推广等功能中心,全方位提高职业学校服务社会的贡献度。

三、职业学校高质量发展的基本内涵

如果说明确生命主体是职业学校高质量发展的前提,厘清表征是职业学校高质量发展的关键的话,建构内涵框架则是实现职业学校高质量发展的必由之路,可以更加明晰发展新目标、新任务,提高职业学校高质量发展的成效。

(一)促进生命生长的维度构建

遵循生命生发、生长的固有逻辑,是构建生命生长内涵维度的基本原则。以生命主体为内涵表达的主语,就可以相对合理地确定生命生长的内涵维度与主要指标。表 1-1 中,生命主体的"生长自觉"应该是生命的起始,没有生命的主动、自觉,只是一味地"被生长",即使开花,也未必能结出幸福的果实。这一维度显示的是生命主体对自我生长的认知、目标和成长意愿。"生长机制"侧重于保障,就是外部环境能够在多大程度上为生命主体的生长过程提供必需的条件,优越的条件自然会促进生命生长,延长生命周期。"生长成就"指向结果,结果的高质量需要呼应职业教育专业建设的新趋势,具有硬核特征和示范效应,彰显的是学生、教师和专业生长的高度。三者作为职业学校发展的生命主体,其发展质量在整体上又标志着职业学校的发展质量,可以用区域影响力等综合性指标来表示。

表 1-1　基于生命生长愿景的职业学校高质量发展的基本内涵指标

生长维度	生命主体		
	学　生	教　师	专　业
生长自觉	1. 高度的社会与职业认同感 2. 科学合理的个性化生长计划 3. 养成良好的学习行为习惯,人格健全	1. 对学生生长充满积极期待 2. 长期的专业发展计划 3. 追求个性化的教育教学风格	1. 主动与产业互动,吻合度高 2. 开发建设标准 3. 拓宽服务面向,释放社会功能
生长机制	1. 相对固定的学习同伴(学习小组) 2. 完整的学习支持 3. 多样化的生长路径	1. 基于团队协作的学习与教育科研制度 2. 激励制度 3. 多样化的生长平台	1. 理念先进,遵照标准推进项目化建设与发展 2. 资金投入大,群链建设与基地建设协调配套 3. 校企共建,面向社会开放共享

表 1-1（续）

生长维度	生命主体		
	学 生	教 师	专 业
生长成就	1. 大赛成绩佳 2. 生长计划完成度高,生涯可持续性强 3. 组织、参与公益服务、社会实践活动的成效好	1. 大赛成绩佳 2. 教育教学专业化水平高,胜任力强 3. 具有独特的教育教学风格,育人成效好	1. 设置合理,特色创新 2. 人才培养需求满足度高,适应性强 3. 功能丰富,共享性好

（二）基于生命生长的高质量标准

既然是职业学校的高质量发展,其衡量尺度当然对应高标准,而非通常的合规或合格。高标准语境下的职业学校发展内涵,放弃了一般性发展指标的描述,突出新发展理念,"创新""共享"等成为最直接表达。同时突出现代职业教育发展的示范性、引领性,尤其是"生长成就"中的竞争性表达,更是体现了高质量要求。如"生长成就"就不再限定于学生学业水平合格的层面,而是以大赛成绩作为生长成果,大赛成绩越好,则代表生长成就越高;"功能丰富,共享性好"彰显的是现代化专业群建设和现代化实训基地建设的基本趋势和导向,因为专业建设的功能现代化是职业学校现代化的应有之意,而职业体验、产品研发、技术推广等多种功能的综合正是专业现代化的新定位,直接面向社会各类具有学习需求的人员。

（三）基于生命生长的操作语境

内涵指标的设定必须指向明确,表述时体现可量化、可操作性。基于生命生长愿景的职业学校高质量发展内涵选取了最具代表意义的指标,组成基本框架。每一项指标均可以用具体的主体生长轨迹或证明材料予以佐证,并且同一生命主体的不同维度、同一维度的不同生命主体,在内涵表达上相互观照,体现相对统一的整体性。如学生"生长自觉"的内涵指标之一是"高度的社会与职业认同感",这是生命主体生长内生动力生发的前提,既可以通过专业体验的成效来达成,也可以在学生个体个性化的生长计划、组织参与公益服务和社会实践活动中得到印证。

（四）基于生命生长的全面发展

学生、教师和专业是职业学校有机整体的组成部分,具有职业学校发展质量的标志性意义。三者相互促进、协调发展,不可或缺。一方面,三者在职业学校的整体中相对独立,有着自己的生长自觉、生长机制和生长成就;另一方面,三者统一在职业学校整体中,职业学校的高质量发展有赖于三者的发展高质量,并形成整体质量观。这一整体质量观在承认内部生命主体生长规律的同时,也有着自己的话语体系,如服务国家战略的贡献度、学校的区域影响力、第三方评价等就是综合性指标,反映职业学校的整体发展质量和水平。

第三节　职业学校高质量发展的现状
——基于江苏省部分职业学校的调查

职业教育作为实现知识的应用逻辑与学科逻辑双向互通的纽带,提升新时代职业教育现代化水平已成为职业教育发展的核心命题。《国家职业教育改革实施方案》提出,经过 5~10 年左右时间,职业教育基本完成由政府举办为主向政府统筹管理、社会多元办学的格局转变,由追求规模扩张向提高质量转变,由参照普通教育办学模式向企业社会参与、专业特色鲜明的类型教育转变,大幅提升新时代职业教育现代化水平,为促进经济社会发展和提高国家竞争力提供优质人才资源支撑。职业学校的高质量发展就是在习近平新时代中国特色社会主义思想指引下,能够面向职业教育的新形势、新要求和新特征,找准现代化发展的新目标、新站位和新动能,主要围绕专业建设、教师发展和学生成长等方面,在更高水平上满足社会和现代产业需求,促进学习者生涯发展。

一、调查的基本情况

制作调查问卷。我们以职业学校高质量发展为目标指引和主要问题域,根据初步拟定的指标内涵设置问题,共设计问卷题目 20 条,主要聚焦学校办学基本情况、学生培养及质量、教师队伍建设、专业建设等多个领域,突出重点和热点,保证了调查议题的相对集中,能够基本反映出江苏省职业学校近阶段的发展质量水平和价值取向。

开展问卷调查。本次调查采用问卷星的形式直接在线上进行,主要由职业学校的校级领导、部门或专业负责人填写,填写结果由平台采集系统自动计算与合成。问卷调查没有预设特定对象,面向全省职业学校发布,由各学校自愿参与调查。在规定时间内,全省共有 67 所职业学校主动参与了本次问卷调查,13 个设区市均有学校分布,其中苏南有 31 所学校参与调查,比例高于苏中、苏北。在参与调查的职业学校中,国示范校 33 所(49.3%),省领航学校 39 所

(58.2%),省智慧校园 61 所(91.0%)。其中,省领航学校更是占到了全省 50
个建设单位的 78%,整体办学资质较高,一定程度上代表着职业教育现代化发
展的大致趋向。而较广泛的参与度和不同办学资质学校的共同参与,又保证了
结果的全面性和客观性,也为我们提供了更多视角来审视职业学校高质量发展
的影响因素与推动力量。参与调查职业学校的具体情况见表 1-2 和图 1-1。

表 1-2　参与调查职业学校地区分布概览表

地区	设区市	参与调查职业学校数/所	合计/所
苏南	南京	8	31
	无锡	6	
	常州	6	
	苏州	8	
	镇江	3	
苏中	南通	8	14
	扬州	4	
	泰州	2	
苏北	徐州	4	22
	连云港	3	
	淮安	5	
	盐城	6	
	宿迁	4	

图 1-1　参与调查职业学校办学资质占比

　　基本数据统计。被调查职业学校办学规模大小不一,全日制在籍学生共计
281 566 人,校均 4 202 人,其中,规模在 5 000 人以上的 18 所,2 000 人以下的 5
所,规模最大的一所学校达到了 8 787 人,最小的为 978 人。更高层次办学趋势明
显,五年制高职在校生 121 415 人,中高、中本贯通培养试点项目班学生 27 440
人,二者占在籍学生的 52.87%,已超过三年制中专办学规模。在编在岗教师

20 840 人,专业课教师 12 932 人,专业课教师占比 62.05%。校际生师比相差较大,但整体上校平均生师比比较合理,为 13.51∶1。

二、调查结果描述与分析

(一)当前职业学校高质量发展的态势明显

通过对调查结果"点""面"结合的分析,我们发现被调查职业学校普遍呈现出积极的发展态势,也体现出对高质量发展的个性化表达,为职业学校高质量发展指明了方向以及实践的具体领域。

1. 职业教育资源集聚效应显著

职业教育试点项目是创新发展的试验田,既是落实国家职业教育改革与创新发展的重要举措,也代表了今后职业教育发展的方向与趋势。江苏职业教育试点项目呈现出如下两个特征:一是试点项目分布面广,参与调查学校至少有一项省级试点项目。二是试点项目在优质学校相对集中,在 28 所既是国示范校又是省领航学校参加的试点项目中,同时有 2 个试点项目的学校为 3 所,3 个试点项目的学校为 5 所,4 个及以上试点项目的学校为 20 所;在 31 个"3+4"中职—本科分段培养试点项目中,有 27 所学校为国示范校。资源集聚的原因之一在于近年来江苏省职教办学坚持和落实了"以评促建""以奖代补"的发展原则,强化了校际"争先创优"的竞争格局,涌现出一批高质量发展的优质职业学校。参与调查职业学校试点项目分布情况见图 1-2。

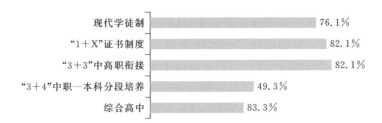

图 1-2　参与调查职业学校试点项目分布情况

2. 服务本地产业能力突出

被调查职业学校毕业生本地就业率达到 80% 以上的有 51 所,占比 76.0%;而本地就业率在 70% 以下的有 10 所,占比 15.0%,均为苏北地区学校(图 1-3)。毕业生一次就业稳定率达到 80% 以上的有 46 所,占比 68.6%;60%

以下的有 3 所,占比 4.5%。图 1-4 反映出职业学校主要还是服务本地产业发展,但区域经济社会发展水平也直接影响着职业学校毕业生的就业去向,苏南等经济发达地区对本地职业学校毕业生的吸引力较高,而苏北等经济欠发达地区的人才流出现象较为严重。

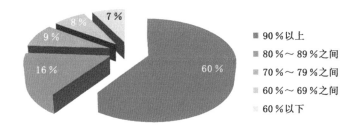

图 1-3　参与调查职业学校毕业生本地就业率对比图

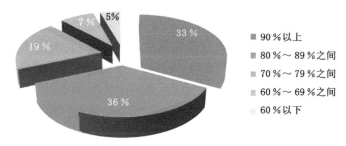

图 1-4　参与调查职业学校毕业生一次就业稳定率对比图

3. 学生全面发展得到关注

促进学生德智体美劳全面发展是党和国家新时代的教育方针,也是现代职业教育的价值追求。我们选择了公共选修课程和劳动教育两个关乎学生生涯发展的重要议题予以调查(图 1-5)。明确回答开设劳动教育课程的被调查职业学校比例为 74.6%,所开设的公共选修课程以人文艺术类居多,达到74.6%,生活技能类达到 14.9%,有 2 所学校回答"不了解是否开设"。可以看出,职业学校能够坚持落实立德树人根本任务,在课程设置中关注"五育并举",促进学生全面发展,为更好实现学生生涯发展奠定了基础。

4. 教师成长路径多元,成长性较好

教师队伍建设的重要性得到高度重视,有 56.7% 的被调查职业学校认为"师资队伍结构好,素质高"可以体现职业学校高质量发展。而在回答"您认为教师专业成长的最好途径是什么"时,有 61.2% 的学校认为是"团队共同研学",

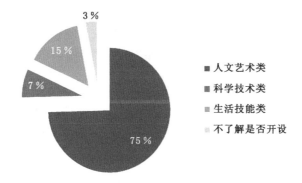

图 1-5 参与调查职业学校公共选修课程开设情况对比图

23.9%的学校认为是"跟岗锻炼",9.0%的学校认为是"参加省市培训",6.0%的学校认为是"青蓝结对"。同时,尽管有17.1%的教师进行了在岗学历提升,但没有学校认为"自主进修学习"是教师的最佳成长途径。另外,有73.1%的被调查职业学校能够正常开展专业课教师赴企业实践锻炼。这说明教师专业成长的路径呈现多元化趋势,名师工作室、教师教学创新团队建设等新型共研组织得到了越来越多学校的认同。在教师专业成长上,大部分职业学校均拥有1名以上省特级教师、正高级讲师等名师,显示出良好的成长性与示范性(图1-6)。

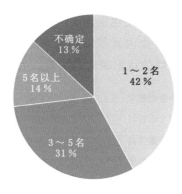

图 1-6 参与调查职业学校在职省特级教师、
正高级讲师数量分布情况对比图

5. 对办学功能的认识更趋完整

在回答"您认为现代职业学校应该具备哪些功能"时,被调查职业学校最为认同的三个功能依次是"职业技术教育"(92.5%)、"职业体验"(59.7%)和"社会非学历培训"(58.2%),见图1-7。同时,被调查职业学校的每年非学历培训规模为校均5 248人次,超过了全日制在籍学生校均规模。这说明职业学校在国家职业教育"学历教育与社会培训并举"办学方针指引下开始接受新的功能定位,为办好职业学校功能综合体创造了有利条件。

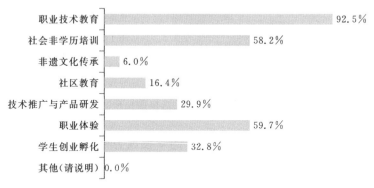

图1-7 现代职业学校功能认知情况

6. 产教融合、校企合作推动专业内涵发展

在回答"您认为在哪些方面可以体现职业学校高质量发展"时,占比最高的是"骨干专业紧密对接地方产业"(68.7%),见图1-8;在回答"您认为推动贵校发展的最大因素是什么"时,占比最高的是"专业内涵建设"(58.2%),见图1-9。可以看出,二者在专业建设与现代化发展上的高度统一,说明其正是职业学校现代化发展的基本内涵,而专业内涵建设的基本路径则在于产教融合、校企合作,职业学校对这一内在关联的认识越来越清晰。

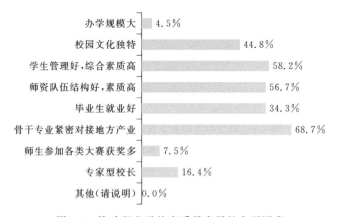

图1-8 推动职业学校高质量发展的主要因素

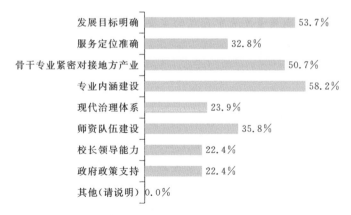

图 1-9　体现职业学校高质量发展的主要方面

7. 社会贡献度和职教影响力日益彰显

除了就业率与本地就业率等指标以外,承办各级各类教育教学活动也是职业学校社会贡献度高低最直接的体现。98.5%的被调查职业学校在最近一年里举办过设区市级以上教育教学活动,其中56.7%的职业学校"经常举办",这在一定程度上宣传了职业教育,有利于提升职业教育的贡献度、影响力和吸引力,见图1-10。国际合作办学是现代职业学校影响力的重要指标之一,85.1%的被调查职业学校建有国际合作项目,包括引入行业标准、引进国外职业技能证书、定期开展师生交流研学活动和"走出去"办学(班或培训点),有力推动了职业学校的高质量发展。

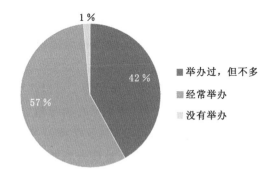

图 1-10　参与调查职业学校最近一年举办设区市级
及以上教育教学活动情况

（二）职业学校高质量发展中存在的主要问题

1. 对职业学校高质量发展的认识不充分

在对所在学校发展中存在的问题进行归因时，排在前三位的分别是"产教融合、校企合作深度不够""政府重视不够，办学投入不足""学生生源差，培养难度大"。显然，大部分职业学校并没有合理分析出高质量发展的主要矛盾以及矛盾的主要方面，消极、片面地把问题主要归结为外因，忽视了自身办学行为的主观能动性，更没有从职业教育发展客观规律的角度去看待问题。尤其是46.3%的被调查职业学校认为"学生生源差，培养难度大"是发展中存在的主要问题之一，这恰恰从一个侧面反映出职业学校的办学自信还不足。这些认识的偏差与偏误，都有可能导致办学目标定位不准确，从而找不到高质量发展的基本路径。

2. 职业学校发展的质量相对不高

被调查学校的办学资质相对较高，显示出现阶段整体发展态势良好。但与国家职业教育改革与创新发展的要求相对，与经济社会高质量发展的新趋势、新要求相比，职业学校发展还很不充分，具备较大的提升空间。

一是现代治理体系不健全。现代治理体系建设是职业学校现代化发展的重要保障，包括了治理制度、组织和治理架构等。有23.9%的被调查职业学校认为"现代治理体系"是推动学校高质量发展的因素之一，但高达74.6%的学校还没有建立学校理（董）事会，包括新型教师培养培训机制、专业动态调整机制等在内的现代学校制度严重缺失。50.8%的学校没有与行业、企业合作建立的二级学院，混合所有制等校企深度合作、多元化办学的探索之路还很漫长。

二是学生全面发展不协调。以公共选修课程为例，在被调查职业学校中，开设人文艺术类课程的为74.6%，生活技能类为14.9%，而科学技术类则仅为7.5%，还有3.0%的学校没有开设公共选修课程。可以认为，高素质技术技能人才的培养肯定离不开科学素养的习得，特别是在倡导精益求精的"工匠精神"的今天，更加离不开科学素养的培育，由此，职业学校轻视、忽视学生科学素养培养的行为与现象，很值得我们深思。而从被调查职业学校对于自身功能定位的认识来看，尽管职教办学功能的多元化趋势已经得到了普遍认可，但只有6.0%的学校把"非遗文化传承"作为了功能之一，而这些学校均以艺术、旅游、商贸为特色，显然，没有优秀传统文化的继承，不仅没有文明的延续，更不利于学生综合素质的养成。

三是服务本地小微企业能力不足。被调查职业学校毕业生就业去向中,主要以赴大中型企业就业为主的学校比例高达85.1%,有力促进了职教富民和改善民生。但同时,只有14.9%的学校毕业生主要选择了小微企业就业,显示出服务小微企业的能力不足,进而有可能影响本地小微企业及所在产业的进一步发展,小微企业和产业的获得感不高,见图1-11。

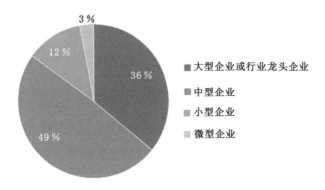

图 1-11　参与调查职业学校毕业生主要就业去向

3. 职业学校高质量发展的支撑不足

一是政府投入力度不足,职教办学保障不到位。调查中有16.4%的学校认为"政府政策支持"是推动学校高质量发展的主要因素之一,而高达49.3%的学校则认为"政府重视不够,办学投入不足"是学校发展中存在的主要问题之一。这可能是职业教育法定地位得到确认之前的一种政策的影响,也可能是职业教育办学质量不高、在当地仍然没有得到政府和社会认可的结果。

二是产教融合深度不够,校企合作形式单一。在被问及"您认为贵校发展中存在的主要问题有哪些"时,高达73.1%的被调查职业学校认为是"产教融合、校企合作深度不够"。在校企合作形式中,主要以订单委托培养(89.6%)和引企入校(71.6%)为主,共建产业学院、驻园办学(班、点)等形式并不普及。而学校对企业的最大帮助被认为主要在于"优先推荐毕业生赴合作企业就业"(70.1%)和"开展企业员工在岗培训"(25.4%),并没有显现出校企在协同育人全过程中的深度合作。

三是国际合作水平不高,职教影响力不强。目前还有14.9%的被调查职业学校没有国际合作项目,而在各类国际合作项目或形式中,又集中在"引进来"项目上,主要引进国外先进行业标准、课程标准以及举办一些交流研学活动,只有 13.4% 的学校"走出去"办学(班或培训点)。这充分说明职业教育领域"江苏方案""江苏标准"还没有走出国门、产生积极的国际影响力,同时也对国内办学吸引力产生了消极影响。

三、职业学校高质量发展的对策

高质量发展的决定因素在于职业学校办学主体本身,这是内因;国家宏观政策、地方政府支持等固然会影响到职业学校的发展质量与水平,但都只是外因。我们必须从内因着手,找准矛盾主要方面和主要问题症结,推动职业学校高质量发展。

（一）以清晰的目标定位引领发展

在被调查职业学校中,分别有 53.7% 和 32.8% 的学校认为"发展目标明确""服务定位准确"是推动学校高质量发展的主要因素,14.9% 的学校则认为目前存在的主要问题之一在于"办学目标不清晰,发展随大流"。职业学校办学目标的确立,既需要深刻把握职业教育作为类型教育发展的大势,抓住"三个转变",优化和完善现代职业学校的功能定位,集聚动能、顺势而为;也需要从区域产业发展实际出发,利用好政策红利期与战略机遇期的叠加效应,纵向融通、横向融合,依照产业升级乘势而上;更需要铭记学校发展历史,广泛凝聚共识、汇聚众智,在传承中创新、创优、创特,接续奋斗、蓄势而发。

（二）以独特的校园文化提升发展

"教育的使命首先就是要人对本真的文化价值的认同,恪守人的文化以培养文化的人,并以此为契机对社会结构产生潜移默化的影响,引领社会在转型的时候最大限度地符合人性的要求。"校园文化是一所学校在长期办学实践中形成的,以学校办学宗旨、价值观念、办学作风和道德行为为核心,能够促进学校可持续、高质量发展的,具有学校自身特点的物质文化和精神文化的积淀和提炼。校园文化是学校发展之"魂",也是学校核心竞争力。有 44.8% 的被调查职业学校认为"校园文化独特"是一所学校高质量发展的主要标志之一。当务之急是,职业学校要摆脱普通教育办学思维的固有影响,突出产业文化与职教特色,能够提炼出校本化的校园文化主题与经典品牌,有效提高学校标识度。校园文化的内涵十分丰富,需要有一个积淀的过程,应该做到深厚而不浅薄,具有深邃的理念与对未来的期许,特别是物化的标志性成果,更应该富有核心价值和时代气息,有助于弘扬"劳动光荣、技能宝贵、创造伟大"的时代风尚。

（三）以内省的质量意识推动发展

一所高质量发展的学校，一定是充满着无限生机、充盈着生命生长的学校。当前，职业学校首先要树立正确的发展质量观，全面理解与把握高质量发展的时代内涵，在事物主要矛盾中找到发展的正确道路。职业学校的高质量发展，必须遵循新时代职业教育发展规律，关注专业建设、学生发展和教师成长的生命内核，促进生命生长。

一是深化专业融合发展。产教融合是职业教育改革与创新发展的基本路径和新动能，而对接产业已经成为职业学校推动专业建设高质量、现代化发展的普遍共识。26.9%的被调查职业学校认为"专业设置不尽合理"，其实质与产教融合深度不够是同一个维度的问题。职业学校要以灵敏的触角感知产业需求，包括新项目、新产品的研发，新知识、新技术的应用等；要以灵活的机制应对产业变化，特别是产业转型加快所带来的人才需求变化。同时，产教融合的深度要进一步拓展，主动联合行业、企业，把企业参与职业教育的主体地位真正贯穿于人才培养的全过程；坚持创新驱动，不拘一格把丰富多样的合作形式匹配到具体的探索实践中；深化"课堂革命"和"三教"（教师、教材、教法）改革，把校企合作的最新成果呈现到课堂上、车间里，落实到教育教学改革创新的行动中。

二是促进学生全面发展。高质量的学生发展是指学生在职业学校所开展的适宜的教育教学活动中，获得学习的内在动力、自我发展的持续能力和促进生涯发展的长远动力，在德智体美劳全面协调发展中提升个人生命价值与质量。58.2%的被调查职业学校认为"学生管理好，综合素质高"是学校高质量发展的主要体现之一，足见人才培养质量对于一所学校未来发展的重要性。目前，职业学校一要优化德育路径，结合新时代新目标、新要求，运用新思维、新技术，面向人人，整体构建新的德育路径，提高德育实效；二要补齐劳动教育的短板，把劳动教育与职业技能劳动、生活技能劳动和服务社会志愿劳动相结合，开发劳动教育课程，系统开展劳动教育；三要重视科学素养的培养，以大国工匠的成长为引领，在各学科、各专业中融入工匠精神的培育，培养学生科学认知、科学态度、科学技术和科学的价值观。

三是强化教师队伍保障。新时代教师队伍建设是落实职业教育改革创新和提升人才培养质量的重要保障，高素质的教师队伍对职业学校高质量发展起着重要作用。"从某种意义上而言，教师的专业发展既是江苏职业教育整体发展水平的重要体现和主要衡量指标，也是其发展的重要动力和内在源泉。"虽然只有 11.9％的被调查职业学校认为"教师教学水平不高"是当前学校发展中的主要问题之一,但有 35.8％的学校认为"师资队伍建设"仍然是学校高质量发展的主要推动因素之一。以大幅度提升教育教学水平为目标,深度参与"三教"改革,深化"双师型"教师队伍改革创新,重点加强省市级名师工作室、国家和省级教师教学创新团队建设,通过研学共进,实现教师梯队化专业成长。同时打造一支适应现代职业教育发展需求的兼职教师队伍,吸引大国工匠、能工巧匠和传统技艺大师等进校园、进课堂,补足技能教学短板。

（四）以优良的服务贡献领航发展

职业教育是促进经济社会发展和提高国家竞争力的重要力量,近十年来对经济发展的回报率保持在 4％～10％之间,很大程度上促进了我国经济社会的发展。高回报率就意味着高贡献度,而高质量发展的职业学校一定是高贡献度的学校,只有社会服务贡献度高,才有可能被社会所认可,也才可能更具有吸引力、影响力和美誉度。一是要大力举办非学历培训,面向社会做好在岗职工、再就业人员、退役士兵、新型农民等各类培训,促进就业、改善民生;二是要建好职业体验中心,面向区域内中小学校广泛开展职业启蒙教育,提高社会对职业教育的认知度;三是要加强中华优秀传统文化教育,以非遗技艺传承为抓手,培养地方技艺传承人,提高弘扬地方文化的贡献度;四是坚定办学自信,结合"一带一路"倡议,跟随本地出国企业赴国外举办产业学院、职业技能培训班(点),让"江苏方案""江苏标准"走上职业教育的国际舞台。

【实践1】"做人教育"德育品牌

江苏省通州中等专业学校坚持社会、企业、家庭和学校多方协同,全员、全过程、全方位育人,围绕"做人教育"主线,系统推进"现代文明人"培养工程,形成了基于"生命生长"的"做人教育"德育品牌。

一是构建立体式德育体系。深入挖掘"做人教育"新内涵,提升"做人教育"新品味,丰富"做人教育"新意蕴,努力让学生学有所专、专有所特,最终实现专业追求的高品位和终身可持续发展。在新的德育理念指导下,学校构建了以"一格"(人格)、"二养"(人文素养、职业素养)、"三立"(立志、立德、立行)、"四人"(现代校园文明人、现代家庭文明人、现代职业文明人、现代社会文明人)为主要目标与内容的"做人教育"体系,见图 1-12。

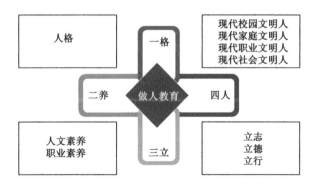

图 1-12　"做人教育"目标体系图

二是开辟多元化德育路径。举办家长学校,成立家长委员会,开发并出版职业学校家长必读系列教材,定期组织开展家长培训活动,提高家庭教育成效。注重发挥企业在"做人教育"中的重要作用,让学生在企业生产实习过程中感知职业素养、懂得岗位责任担当。学校还开辟了 10 多个校外德育基地,利用社会资源和良好的社区环境,广泛开展学生志愿服务、社会实践和理想信念与革命传统教育,拓宽了"做人教育"的载体和路径。

三是实施网络化德育管理。完善德育管理网络,建立"校—系—班"三级育人管理网络。健全德育工作领导小组和德育工作委员会,将"做人教育"纳入学校事业发展规划和三年行动计划。各院系部成立德育工作室,形成由院系部德育副主任、团总支书记和德育管理干事组成的三人德育小组,分工协作,群团联动,提高德育工作效率。各班级立足学生自理、自治,健全组织机构,实现学生自我管理、自我成长。学校还坚持德育创新,依托企业管理特点,将公司制管理模式引入班级管理,制定相应规章制度,促使学生提前体验企业员工角色。同时,学校在实践中还构建了一套"现代文明人"综合评价体系,实现了评价内容"四维并重"、评价主体"四位一体"、评价手段"四径共举"。

四是推进"三生"劳动教育。贯彻落实《关于全面加强新时代大中小学劳动教育的意见》等文件要求,以"人"的培养为着力点,在"做人教育"中,突出把劳动教育作为新时期德育工作的重要抓手,探索以精湛技艺谋求生存、以精致美好定义生活、以传承创新实现生长的"三生"劳动教育,推动职业教育与生产劳动相结合,塑造学生"知行合一"的精神品质。引导职校生成为尊重劳动、崇尚劳动、热爱劳动的"全面发展的人",让劳动为职校生生命生长赋能。

五是形成"一系一特色"德育品牌。坚持贴近学生、贴近专业、贴近时代的原则,在各院系部开展各具特色的德育主题活动。家纺学院的"礼仪教育""至善教育",财经商贸系的"美在身边""诚信做人",电气信息系的"职业素养点亮青春""做一个让人喜欢的人",智能制造学院的"德技并重、工匠文化",对口单招部的"励志教育"等,进一步丰富了"做人教育"内涵。

第二章　融合:职业学校发展的基本要义和应然路径

　　随着新一轮科技革命和产业变革突飞猛进,以及受新冠肺炎疫情的深度影响,世界正在经历产业结构、经济结构与社会环境、人口结构等的深刻调整,各国职业教育不同程度地面临着一些共同挑战和发展机遇。国际教育基准中心曾发布一项对我国职业教育与培训所做的比较研究,介绍了中国许多好的做法,也阐明了中国面临的挑战:职业教育与培训的课程设计内容涉及面狭窄;职业教育与产业的联系薄弱;职业教育与培训在公众心目中的地位低下;职业教育与培训和学历教育之间存在着结构性障碍;毕业生能力与用人单位的需求不匹配;从事职业教育与培训的教师行业经验有限;职业标准和资格证书系统有待开发;成人教育不发达等。国内知名职教专家庄西真、郝天聪主编的《现代职业教育》一书中也从不同层次和角度指出了我国职业教育存在的问题:"供需失配""调整滞后""目标错位""布局扭曲""生涯缺失"等。当前,我国正努力开发现代职业教育和培训体系,以满足劳动力市场日益高涨的用人需求。融合,或许就是弥合我国职业教育实践中所存在的"空隙"的一剂良方。

第一节　职业教育的功能融合

一、类型与融合

(一)职业教育是类型教育

1. 职业教育是纵向贯通的教育

　　类型教育的特质决定了职业教育必须具备初、中、高等职业教育衔接的贯通体系。《国务院关于大力推进职业教育改革与发展的决定》指出,要以中等职业教育为重点,保持中等职业教育与普通高中教育的比例大体相当,扩大高等职业教育的规模。从社会结构和人力资源开发的角度来看,职业教育可以适度关照社会关切,但需要与普通教育在规模、结构上保持理性的比例关系,这是由整个社会分工决定的,厚此薄彼只能损害社会发展与进步。从系统论的角度来看,职业教育初、中、高等不同层次也应该在规模、结构上保持协调一致,而初、中、高等职业教育协调发展的难点在于如何引导高等职业教育资源向本地聚集,因为我国高等职业教育办学水平的地区差异较大,经济发达地区职业教育资源相对丰富,呈现出外向拓展的态势,甚至出现了片面追求大而全的办学取向,没有兼顾本地产业发展需求,这在一定程度上造成了职业教育服务地方产业的本真目标迷失。

2. 职业教育是横向开放的教育

这种开放至少表现为两种联系。一是职业教育与普通教育的联系。长期以来,我国职业教育仿照普通教育办学,在人才培养模式、课程建设以及学校治理等方面都未能摆脱普通教育的话语体系,限制了自身的科学发展,影响了技术技能人才培养质量。同为教育类型,职业教育与普通教育二者是既对立又统一的关系。对立在于各自的发展目标、发展驱动力和发展规划与愿景并不相同,所拥有的话语体系也不尽相同;统一则表现为二者立德树人的根本功能是一致的,都是为促进人的全面发展而提供的路径选择,满足了人们多样化的教育需求,没有高低、优劣之分。二是职业教育与经济产业的联系。职业教育面向区域经济社会发展,直接为本地产业培养、培训技术技能人才,成为人才供给方,而产业企业往往成为用人需求方,供需对接成为职业教育发展的基础,联系越紧密,对接程度越高,职业教育和专业建设就会发展得越好;二者脱节而不对接,就会造成人才供需在规模、结构上的矛盾,阻碍经济社会健康发展。

（二）融合的哲理要义

习近平总书记指出,中华文化崇尚和谐,中国"和"文化源远流长,蕴涵着天人合一的宇宙观、协和万邦的国际观、和而不同的社会观、人心和善的道德观。融合,渊源于中华优秀传统文化,《现代汉语词典》(第7版)的释义是"几种不同的事物合成一体";"百度百科"的解释之一为"调和,和洽"。归结起来,就是指相互关联的事物在一个共同的目标统摄下产生一个新的更具生命力的有机体。融合思想的发端可以追溯至我国古代天人合一、天下大同的诸子百家学说。《国语·郑语》所云"和实生物,同则不继",则既承认了不同事物的差异,也强调了矛盾多样性的统一。我国著名思想家钱穆在《中国文化史导论》指出,中国人常抱着一个天人合一的大理想,觉得外面一切异样的新鲜的所见所值,都可融会协调,和凝为一。这是中国文化精神最主要的一个特性,也是走中国特色社会主义道路的思想源泉。

从根本上来说,"融合"是马克思主义哲学关于"联系"观点的当代表达,是世界观与方法论的有机统一。马克思主义基本原理认为,联系存在于事物或现象之间以及事物内部各要素之间,是一切事物、现象和过程所共有的客观的、普遍的本性,并进而使世界成为万事万物相互关联的统一整体。当今经济全球化趋势正是世界融合发展的具体表征,建设人类命运共同体则是"融合"思想观照下中国方案的最生动实践。进一步探究"融合"的现实表征,主要体现在两个方面:一是天人合一。"天人合一"是中国哲学史上的一个重要命题。"天"代表道、真理、法则,天人合一就是与先天本性相合,回归大道,归根复命。老子言:"人法地,地法天,天法道,道法自然。"季羡林先生说:"我曾说天人合一论,是中国文化对人类最大的贡献。"二是知行合一。"知行合一"是指客体顺应主体,知是指良知,行是指人的实践,即认识和实践的统一。先哲们普遍认为,不仅要认识("知"),尤其应当实践("行"),只有把"知"和"行"统一起来,才能称得上"善"。与行相分离的知,不是真知,而是妄想;与知相分离的行,不是笃行,而是冥行。从某种意义上来说,"融合"的哲理要义决定着其特定的实践范畴。

(三)职业教育融合发展

目前,普通教育一般定位于升学教育,目标单一而明确,与社会接触的面并不宽泛。相较于此,职业教育与外界的联系更具多样性、复杂性。所谓多样性,是指职业教育需要满足社会的多样化需求:升学与就业,学历教育与技术培训等;接受职业教育的对象也来自不同的群体,应往届初高中毕业生,企业员工,失业人员、退役士兵、农民等。不同的教育对象,不同的培养、培训目标,都需要职业教育深入开展调查研究,了解需求,分类制定人才培养、培训标准和人才培养、培训方案,开发适切的课程体系与教学模式,提高人才培养、培训质量。所谓复杂性,既指职业教育不仅要与地方产业同频共振,也要与行业企业相互合作、协同育人;还指产业、行业、企业与职业学校的合作贯穿于育人的整个过程,从招生到就业,不是简单的供需关系,而是你中有我、我中有你的关系,其中,企业既是技术技能人才的需求方,但作为育人主体,也同时是人才的供给方,进而表现出既是消费者又是生产者的双重身份。

职业教育多样性、复杂性的特征,正是职业教育融合发展的充分依据。一方面,职业学校学历教育与技术培训并举,集人才培养、技术培训、科技研发、非遗传承、职业体验、社区教育等办学功能于一体,扩大职业教育的服务面向,满足不同群体的现实需求,全面提升职业教育的办学价值和社会贡献度;另一方面,职业教育与产业不断融合,校企合作办学不断深化,校中厂、厂中校,混合所有制等办学形式不拘一格,紧贴产业办教育,全面满足产业、企业用人需求。

二、职业教育的功能

《国家职业教育改革实施方案》指出,职业教育与普通教育是两种不同教育类型,具有同等重要地位。新修订实施的《中华人民共和国职业教育法》同样明确了职业教育是类型教育的法定地位。"类型",就是"具有共同特征的事物所形成的种类",这又是由其本身所具有的职业教育功能所决定的。而所谓"职业教育功能",是指职业教育内部诸要素的本质联系以及与政治、经济、文化等其他社会系统相互作用的结果反映,既具有教育的一般功能,又具有鲜明的职业倾向性。

（一）外显功能：服务于经济、政治和文化发展

在经济上,职业教育作为一种社会实践活动,与劳动力的形成有着直接的联系。职业教育既为经济和产业发展培养大量的技术技能人才,提高劳动者的整体素质水平,也为劳动者的职业转换、岗位迁移以及各种类型的创业创造必要条件,为经济社会发展开发可靠的、可持续生成的劳动力资源。与之相应,乡村振兴战略的实施创造了更多就业机会,需要职业教育培养更多适切的技术技能人才,在振兴乡村经济、精准扶贫及巩固脱贫攻坚成果中发挥更大作用。

在政治上,我国始终将立德树人作为各级各类学校教育的根本任务,尽管职业教育绝不是一种单纯的政治手段,但在教育实践中,信仰的灌输与素质的培养同样不可偏废,二者需要有效地结合起来。一方面,职业教育在我国教育普及中具有不可替代的作用,2002年以来,"中等职业教育与普通高中教育的比例大体相当"这一国家决策部署得到了贯彻,职业教育因而培养了一大批德智体美劳全面发展的社会主义事业的建设者和接班人;另一方面,职业教育在落实职教富民、东西部协作、"一带一路"倡议中发挥重要作用,尤其是在市场调节下,职业教育促进了劳动力结构的优化,第一、二、三产业人力资源配置得以稳固,促进了经济产业发展与社会和谐。

在文化上,职业教育与文化的关系密不可分,其功能首先体现在职业学校

对于优秀文化的传承与传播上。和其他类型教育一样，职业教育也能够对文化，包括技术文化、产业文化和职业文化进行选择、复制、保存和传递。其次体现为对于先进文化的引领上，可以通过培养具备现代文明素养的技术技能人才促进移风易俗，弘扬先进文化，摒弃落后文化。最后，还体现为职业学校通过师生教育教学、教育科研等活动对文化进行创新，包括方法创新、工艺创新与技术创新等。

（二）本质功能：促进人的全面发展

较长一段时间里，我国职业教育的功能普遍被定位于就业教育，部分职业学校急功近利思想严重，在课程构建上"破体系"，在学生学业上"求够用"，片面追求学生"能就业"，漠视学生综合素质的养成，从而沦为技术培训机构，原先三年制中等职业教育被压缩为两年甚至一年半的在校时间，余下时间就直接到工厂实习——从另一个角度来看，这也可能与我国初级阶段生产力水平不高、产业技术落后有关。但无论如何，站在教育的立场，这不仅违背职业教育规律，也严重影响学生职业生涯的可持续发展，对职业教育的社会价值及其公众认可度产生了负面影响。

马克思在《资本论》中指出，职业教育，即"生产劳动同智育和体育相结合"的教育，"不仅是提高社会生产的一种方法，而且是造就全面发展的人的惟一方法"。可以说，职业教育的本质功能就在于促进人的全面发展，并最终实现人的自由和幸福。

人的全面发展是马克思主义基本原理的核心内容，具有深刻的内涵。马克思主义认为，人的全面发展既包括人的全体即每一个人的发展，也包括每一个人的所有方面，还指一个人的不同阶段发展的可持续性。这也充分表明人的发展是生动的、富有主动性和个性化的发展。

马克思主义关于人的全面发展的学说及其对人的发展要求与职业教育所应具备的当代价值是基本一致的。以职业生活为中心来组织教育教学工作，不囿于课堂、书本，而是到实践中去体验实实在在的职业生活。既传授生产知识以发展学生智力，又注重生产技能训练以增强学生的实操能力，并有效地将两者在实践环节中融合起来，形成学生的综合职业能力。现代职业教育立足于学习者的学习、生存与发展需求，兼顾社会和产业发展，在课程资源和共享平台支持下，面向社会上的每一个人提供学习机会，而不再对学习者进行有条件地选择。这也是《中国落实 2030 年可持续发展议程国别方案》所提出的"确保包容和公平的优质教育,让全民终身享有学习机会"这一国家教育发展目标的真谛所在——职业教育本应当就是"有教无类"的。

三、多元主体的价值诉求

进入 21 世纪以来,国家把职业教育的发展摆在突出位置,从学习借鉴西方发达国家职业教育的典型做法,到不断反省并推动职业教育现代化的本土实践,最终构建起世界上规模最大的职业教育体系。2010 年,国家出台《国家中长期教育改革和发展规划纲要(2010—2020 年)》,有力促进了社会各界共同推动职业教育的可持续发展。在此背景下,各职业学校也意识到再也不能游离于社会体系之外办学,而要主动服务和融入区域产业发展的格局。这样,职业教育必定与社会各界产生复杂的利益关系。

政府。政府是职业教育的主要举办者,在举办主体中占据绝对优势,而各级教育主管部门是职业教育的管理者,行使政府话语权。新修订的《中华人民共和国职业教育法》规定,国务院教育行政部门负责职业教育工作的统筹规划、综合协调、宏观管理。国务院教育行政部门、劳动行政部门和其他有关部门在国务院规定的职责范围内,分别负责有关的职业教育工作。作为职业教育的主要出资者,政府对职业教育的教学质量的影响是直接的,政府及教育主管部门必然会从管理教育事业的角度,期望通过职业教育达到经济上的诉求,即促进区域经济社会发展,提高当地劳动者整体素质和劳动生产率,服务技术开发,培训技术人才。但显然,政府及教育主管部门既不能创造职业教育的需求,也不能改变职业教育的需求;既不能代替企业制定员工教育计划,也不能代替学校实施职业教育计划。

企业。企业作为自主经营、自负盈亏的经济实体,其所承载的首要任务是创造经济效益,并使之最大化。现阶段,国家重视发挥企业的重要办学主体作用,出台一系列组合政策推动企业深度参与职业教育,鼓励企业举办高质量职业教育。企业关心的是经过职业教育之后,操作工能否提高劳动生产率或者提高服务质量;设计人员能否设计出市场需要的产品;管理人员能否提高管理质量;营销人员能否提高营销水平……由此,企业对职业教育的诉求是获得与企业岗位需求相一致,能够与企业"零距离"对接,并能与企业文化相融合的技术技能人才;同时,也希望职业教育能够发挥自身资源优势,为企业提供有效的技术服务和技术援助。

行业组织。行业组织从关心行业、企业利益的角度关心职业教育。新修订的《中华人民共和国职业教育法》规定，有关行业主管部门、工会和中华职业教育社等群团组织、行业组织、企业、事业单位等应当依法履行实施职业教育的义务，参与、支持或者开展职业教育。行业组织通常拥有一定的教育资源，可以为企业提供培训其员工的职业教育服务。从这个角度来看，行业组织对职业教育的诉求主要体现在两个方面：一方面是使从业者的岗位技能得到提高，进而提高劳动生产率和工作质量；另一方面则是让从业者获得在原单位新岗位就业的机会，或者获得在新单位的就业机会。由于我国行业组织的先天不足，其师资、课程、教材、硬件条件等方面都与职业教育的举办要求有较大的差距，难以有效开展面向社会的大规模职业教育。

四、职业教育的功能融合

（一）马克思主义需求论引领功能融合

马克思主义需求论认为，人的全面发展具有多样性、多层次性和选择性等特征。多样性是从需求的对象出发，分为物质需求和精神需求，前者是人的最基本需求，后者包括人的认知、审美、道德、情感、信仰等方面的需求；多层次性与美国心理学家马斯洛的层次需求理论相契合，包括生理、安全、归属和爱、尊重、自我实现等由低到高的不同方面，还包括求知需求和审美需求等；选择性则是指一个人基于理性认知而对多样性和多层次性需求做出的价值判断与自我认同。这些特征已日益明显地体现在现代职业教育的价值追求上。现代职业教育不再视就业教育为唯一功能，而是在就业、创业、升学及技能提升等多方面满足人们的多样化教育需求；三年制中职、五年制高职以及职教本科等学历教育与企业员工、退役士兵、农民工技术培训等非学历教育并重的职业教育办学格局，又在更大程度上满足了人们不同层次的发展需求；职业教育的多样性，以及普职融通的出现，增加人们选择教育的机会，为人们接受"适合教育"提供了可能。

（二）教育与产业政策叠加促进功能融合

2019年《政府工作报告》明确指出，加快发展现代职业教育，既有利于缓解当前就业压力，也是解决高技能人才短缺的战略之举。政府积极转变职能，通过"放管服"改革，重点做好职业教育现代化发展的顶层设计，明确职业教育在经济社会发展中的战略地位及担负的职责，注重以法律条文的形式营造有利于技术技能人才成长的社会氛围。《职业学校校企合作促进办法》提出要建立校企主导、政府推动、行业指导、学校企业双主体实施的合作机制,确立了"产教融合型企业"与职业学校所具有的同等地位和功能,促进企业对社会责任和义务的履行。教育与产业政策叠加,促进了职业学校和企业功能的相向融合。

（三）类型教育的回归凸显功能融合

《国家职业教育改革实施方案》明确提出:职业教育与普通教育是两种不同类型的教育,具有同等重要的地位,职业教育要由参照普通教育办学模式向企业社会参与、专业特色鲜明的类型教育转变。既然是一种类型教育,其发展则具有自身客观规律,有着自己的话语体系和发展愿景。也因此,职业教育的本质属性还在于"职业",直接表现为职业教育对于经济社会发展的贡献度。只有以服务和促进就业为导向,才是职业教育的本真价值。当然,职业教育并不排斥升学教育,因为升学教育也是高素质技术技能人才培养的可靠选择。

五、职业学校的多功能综合

当代职业教育早已摆脱了就业导向的单一办学模式,转而向"高等化""生涯化"发展,对经济社会发展的贡献度也更高。《国家职业教育改革实施方案》明确提出,职业教育与普通教育是两种不同类型的教育,具有同等重要的地位,要由参照普通教育办学模式向企业社会参与、专业特色鲜明的类型教育转变。

办学主体的多元化,必然存在多主体的价值诉求,客观上形成了一定的利益博弈;同时,面向学生生涯发展和终身学习型社会的内在需求,也在一定程度上促进了职业学校功能的多元化。从根本上来说,职业教育结构的多元化与复杂性决定了职业教育功能的多元化与复杂性,拓宽了职业教育功能的外延。基于职业学校功能的多样化、结构性、集聚式发展趋势,现代职业学校的功能可以概括为职业学习、技能培训、科技研发、非遗传承、职业体验和社区教育六大功能,使职业学校成为一个具备多元功能的综合体。这也从一定程度上缓和了各利益主体间不同诉求的冲突与矛盾。

职业学习中心。职业学习中心是目前我国职业学校建设与发展的最基本定位。职业学校面向本地区的适龄学习者,主要针对初中毕业生开发、建设、实施与管理课程,并采用工学结合的方式开展学历教育。在教育中,职业学校应严格执行国家审定的人才培养方案和课程标准、教学标准,德技并修,实施规范、系统的教育教学行为,为服务和促进学习者就业和升学奠定基础。

技能培训中心。技能培训，或者称之为非学历教育，与学历教育一样都是职业学校需要履行的法定责任。职业学校应主动担当作为，主要面向企业在职员工、退役军人、进城务工人员和新型职业农民等开展非学历教育和技能培训，包括企业岗位的新技术应用与推广培训、再上岗培训、新市民培训等。作为终身教育体系的重要组成部分，技能培训能够有效改善区域劳动者的素质结构，提高产业工人队伍的整体素质。

科技研发中心。科技研发是职业学校开展创新教育的延伸，与创新教育一脉相承，旨在调动人的主观能动性，发挥人的潜能，实现人的充分发展。一方面，科技研发是职业学校创新教育成果的转换器，可以在校企合作中把师生最新的创新成果直接转化为企业现实生产力，通过技术创新、产品创新、服务创新和管理创新为区域内中小企业创造经济效益；另一方面，职业学校还可以利用自身人才、技术和实验室装备等优势，承接行业企业生产管理攻关项目，为行业企业设施设备改造、技术革新、新产品研发等提供智力支持。

非遗传承中心。传播先进文化是每一所学校的应然功能，而职业学校因其特定的"技""能"学习领域，在中华优秀传统文化，尤其是非物质文化遗产与传统技艺的传承方面有着得天独厚的优势。职业学校应该将传统文化名家、非遗大师请进校园，通过签约或驻校等形式，领衔主持各级非遗传承项目。同时，可以筹划与行业企业共建非遗文化学院，真正构建起"行业专家指导—教学名师领衔—非遗大师执教—技术骨干协助"的教育教学链，助推区域传统产业在传承与创新中振兴发展。

职业体验中心。职业体验中心的主要功能是通过创设一定的真实职业情境和体验岗位，以课程与活动为载体，让体验者直接参与体验过程，引导体验者在体验中学习职业知识，掌握职业技能，形成职业意识，提升职业素养，并帮助体验者寻找适宜的职业发展方向。职业学校应根据自身专业特色和优势，对接地方支柱产业、特色产业建设职业体验中心。这些职业体验中心应具备职业倾向测试、职业场景体验、职业规划指导、职业拓展培训等多种功能，融科普、生活、学习、娱乐于一体，充分彰显职业文化、产业文化和传统文化的交融。

社区教育中心。以职业学校为主体，联合社区管理部门、县域内主要企业事业单位，最大限度将乡镇成人教育等资源进行整合，进而发挥自身职业教育的固有优势，形成更为广泛的教育面向。职业学校可以利用社区资源组织学生进行社会实践活动和志愿服务公益活动，接受公民教育、劳动教育，提高公民素养;社区则定期组织本社区成员到学校学习与社区生产生活、文化休闲密切相关的课程,提高社区成员生产生活技能,改善生活质量。

第二节 新动能:产教融合

《国务院办公厅关于深化产教融合的若干意见》明确要求,充分调动企业参与产教融合的积极性和主动性,强化政策引导,鼓励先行先试,促进供需对接和流程再造,构建校企合作长效机制。《职业学校校企合作促进办法》进一步提出,产教融合、校企合作是职业教育的基本办学模式,是办好职业教育的关键所在。这为办好职业教育、实现人口红利向人才红利转变指明了方向和路径。

一、校企合作与产教融合

在实践中,当代职业教育需要我们运用联系的观点、融合的思想来重新审视和谋划其发展。"融合"之于职业教育,既指与其他事物的联系,比如产业与职业教育的相辅相成;也包括自身内部各要素之间的融会贯通,比如横向上的专业融合、普职融通、科教融汇,以及纵向上的学历贯通。毫无疑问,融合已经成为当代职业教育发展的应然路径。

(一)"合作"和"融合"的区别

二者性质不同,"融合"是指多种事物共同拥有其中的一部分或者全部,并在别的层面创造出新的事物。对于职业教育的发展,合作是指参与的多元主体在不改变和固守原来性质基础上的相互配合,融合则指参与的多元主体相互交融和互为一体的状态,有主体之间双向奔赴的意思。相对于政、行、校、企、社的多主体合作,产教融合是职业教育多主体发展的高级阶段,相对于合作的彼此执守各自秉性和有限结合,产教融合需要产教多主体相互重叠、互为发展,并充分发挥教育机能,形成新的场域。

(二)校企合作与产教融合的辨识

长期以来,校企合作和产教融合作为我国职业教育发展模式的变革,虽然都是基于共享理论的跨界发展,但其内涵和契合程度存在巨大差异。校企合作更多强调企业等社会主体的社会责任和主体嵌入,产教融合不仅关注职业教育发展的表面现象,而且关注关联主体的经济社会背景,是当前我国职业教育多主体发展的高层次目标。因此,从校企合作到产教融合,不仅要重构校企等多元主体关系,重要的是对产教融合发展进行整体规划和统筹安排。产教融合不是简单的主体合作,而是多元主体在职业教育发展中的经济社会权利和角色意识等的转变。产教融合的重点是互相融合,即职业教育过程中的政治融合、社会融合、经济融合、文化融合及制度融合等多维度、多方面、多层次的协同,各参与主体不仅是职业教育的参与者、主导者,也是职业教育发展和经济生产的重要成员。由于产教多主体的异质属性和利益目标的差异,严重屏蔽了职业教育产教融合的条件和路径。要实现校企合作到产教融合,必须通过改革和创新,构建包括教育、政治、社会、经济、文化及制度的系统的融合工作机制,这也是我国产教融合战略发展的需要。

（三）从校企合作到产教融合

随着我国人口红利的衰减和国际经济格局深刻调整,粗放式的低端制造和技术人才环境成为制约我国经济发展的重要因素。为适应这种变化,迫切需要改善供给侧环境、优化供给侧机制,通过改革制度供给,增强我国经济长期稳定发展的新动力。高质量的经济运行离不开高素质的技术技能人才支撑,我国从国家层面确立了以校企合作、产教融合为重点模式的职业教育改革。校企合作关注的是人才工作模式和人才培养模式的合作,合作过程不涉及主体性质和目标,参与主体通过合作获得自己的收益;而产教融合更加关注经济模式和职业教育模式的匹配和契合。校企合作注重人才培养过程中的主体合作,产教融合则注重办学主体、形式及其相关制度安排,通过产教融合能够使公共决策的政府、人才培养的教育、人才社会需求的企业等实现信息契合和资源整合。经济模式的发展变迁需要职业教育办学模式的匹配,我国职业教育从校企合作到产教融合是职业教育发展对社会经济发展变革的匹配性回应。因此,从合作到融合是经济社会发展对职业教育发展的要求,也是对职业教育主体多元化发展的深化。

二、制度性合作中的时代契机

产教融合、校企合作是职业教育的基本办学模式,是办好职业教育的关键所在。校企合作和产教融合本质上都是职业教育多元化发展,是通过积极引导和发挥市场、社会等多元力量,通过共建、共治、共享的方式,构建职业教育发展的产教共同体,协同推动职业教育现代化发展。共享是多主体职业教育作用发挥的重要基础,共享需要打破相互独立的"信息孤岛"和"资源孤岛",构建关联主体和部门数据互联、资源共享、无缝衔接的整体性治理。

制度性合作是指从中央的宏观发展层面、各级政府和学校对职业教育产教融合进行制度安排和配套,为职业教育产教融合提供制度支撑。2019 年国务院印发的《国务院关于印发国家职业教育改革实施方案的通知》提出,没有职业教育现代化就没有教育现代化,把职业教育发展放在教育改革创新的突出位置,并提出完善职业教育和培训体系,鼓励和支持社会各界积极支持并参与职业教育。通过国家层面的制度安排,保障职业教育校企合作、产教融合的顺利开展。

2014 年,国务院印发《关于加快发展现代职业教育的决定》,研究制定促进校企合作办学有关法规和激励政策;党的十九大明确提出职业教育"深化产教融合、校企合作"的发展要求;2017 年,国务院办公厅印发《关于深化产教融合的若干意见》(国办发〔2017〕95 号);2018 年,教育部等六部门印发《职业学校校企合作促进办法》,中央和各部委深化产教融合的具体举措密集出台,而且各省区市、各级政府通过不同的制度配套进行响应,比如,江苏就在全国率先发布了省级职业教育校企合作领域地方法规《江苏省职业教育校企合作促进条例》,针对职业教育现代化建设与发展中的重点、难点问题集中发力、精准施策。在国家及部、省出台相关制度背景下,校企合作、产教融合在一定程度上成为职业教育发展内容的重要部分。制定校企合作、产教融合政策从顶层设计上为职业教育产教融合提供了制度保障。

可以说,深化产教融合、校企合作,涉及政府、企业、学校、行业、社会等多元主体和人才、智力、技术、资本、管理等多维要素,不仅需要物理空间上的平台载体支撑,更呼唤新的生产力组织方式。把产业需求融入人才培养过程,使技术技能人才能够真正为产业发展服务,形成教育和产业统筹融合、良性互动的发展格局,将有助于缓解人才供需重大结构性矛盾,也是我国经济实现高质量发展的必然要求。

三、产教融合的深化

深化产教融合、优化校企合作,职业学校首当其冲应该主动作为,就是要摒弃"等""靠""要"的消极思想,采用"走出去""请进来"的方式把产教融合落到实处。"走出去"就是把学校办到园区里,把专业办到企业里;"请进来"就是把企业生产线搬到学校里,把企业师傅请进课堂里。真正实现专业群与产业链、教学链与生产链、人才链与岗位链、创新链与价值链有机对接、融合发展。

（一）建立产教融合基本制度

产教融合、校企合作是职业教育的基本办学模式，是办好职业教育的关键所在。强化职业教育与产业的关系，当务之急是建立健全产教融合基本制度。2018 年，教育部、国家发展改革委、工业和信息化部、财政部、人力资源社会保障部、国家税务总局联合印发《职业学校校企合作促进办法》，从而完成了我国产教融合、校企合作的顶层设计。随后，江苏在全国率先出台《江苏省职业教育校企合作促进条例》，成为全国范围内校企合作领域第一部省级地方性法规。目前，各地政府还要进一步加大政策供给力度，配套制定促进产教融合、校企合作的促进办法，用立法来确定校企协同育人的双主体职责；将规模以上企业开展职业教育情况纳入企业履行社会责任报告，并向社会公开；出台"产教融合型"企业评定标准和奖励办法，鼓励和支持企业举办或参与举办职业教育。

（二）建立产教融合互动机制

地方政府应根据重点产业和重大生产力布局，将职业教育的发展纳入县域经济社会发展规划之中，尤其是要将职业学校与地方产业园区同步规划、同步建设、同步发展，实现教育链、专业链、创新链与产业链、岗位链、价值链同频共振。产教融合互动机制的建立，关键在于人才互通、平台与资源共建共享、生产与科研项目一体化运作。

职业学校与企业之间可以双向聘用技术骨干，实现专兼职互聘和双向流动；教育资源和生产资源通过信息化平台相互开放，企业员工与职业学校学生身份互换互认；企业与职业学校合作对生产、科研项目等一体化运作，理论与实际相结合，产品生产与研发、技术攻关相统一，拓展职业学校功能。

（三）建立产教融合保障政策

一方面，建立发展改革委、教育部、人力资源社会保障部、财政部等多部门协同的工作协调机制，消除制度壁垒，创新贯通部门和层级的工作通道，实现教育与产业人、财、物制度的无缝衔接。另一方面，引导企业主动履行社会责任，鼓励和支持企业举办职业教育，依法减扣、免除企业举办职业教育的相关税收，同时加大产教融合、校企合作督查力度，由第三方对重点项目和企业开展评估检查。

需要注意的是，产教融合还包括了城乡融合发展中的产教一体化发展，这对县域职业教育发展提出了新的要求。县域职业教育中心校应该依托国家、省、市（县）三级现代农业产业园建设体系，为返乡下乡人员创新创业提供培训和智力支持，促进城市人才、技术等要素流向农村、振兴农村。

第三节　新方向：专业整合

习近平总书记在中国科学院第十九次院士大会、中国工程院第十四次院士大会上强调，要以智能制造为主攻方向推动产业技术变革和优化升级，推动制造业产业模式和企业形态根本性转变，以"鼎新"带动"革故"，以增量带动存量，促进我国产业迈向全球价值链中高端。虽然这里强调的是产业技术，而其隐含的正是专业的变革。

一、背景与思路

进入智能时代，当代产业在信息技术的"黏合"催化下正以前所未有的速度发生"分裂"与"聚合"，职业教育专业建设与发展面临新的挑战。比如职业学校计算机、财会等专业的毕业生就业边界正日益模糊，产业需求不旺，这就需要与其他专业深度整合。由此，产业发展所需人才也加速向复合型技术技能人才转变，社群生活能力、岗位迁移能力等关键能力成为职业教育人才培养的核心目标。

随着时代的发展和经济全球化的加深，为适应不断变化的人才需求，职业学校开始对专业进行整合。美国采用"职业—课程—专业"的模式，以市场的需求为核心来进行专业的调整和改造。英国以工业化需求为导向进行专业建设，提出了"英国制造2050战略"，各职业学校也随之调整了专业结构。德国提出了"双元制"教育模式，制定了"新的高科技战略"，实施了"工业4.0"计划，各职业学校升级德国的职业教育传统，提高学生的专业技术和跨文化能力。我国主动应对新一轮科技革命与产业变革，提出了支撑服务创新驱动发展、"中国制造2025"等一系列国家战略，职业学校的专业建设和升级改造迈入新阶段。

专业整合的思路，首先是创新教育理念，以社会需求为导向，结合人工智能、物联网等新技术和新基建等政策，构建跨学科、跨专业科学融合的课程体系。其次是整合实践教学资源，融合实践教学内容，提升学生实践能力。最后结合学校现有的师资力量和资源，优化教师资源，提升教学质量。

二、课程目标

（一）职业教育课程目标的应然取向

彰显特色，弥补短板，从体现中职特色、注重文化熏陶和提供成长平台入手,应该是职业学校课程目标确立的现实切入点与应然选择。

一是体现职教特色。职业教育与经济社会发展密切互动,具有强烈的职业性特点,而职业学校的学生动手能力较强,对技能学习充满信心,但对职业的体认不够。我们应该紧密围绕学生职业生涯发展的要求,将职教特色具体化为现实的、具有可操作性的课程目标,着力培养学生的职业发展能力。

二是注重文化熏陶。现今的职业学校往往重视技术文化建设,缺乏必要的精神文化引领,对学生人文素养培养不力,导致学生只会生产岗位的操作,缺乏对职业、事业的追求意识,职业素养片面、畸形,严重制约了学生的职业生涯发展。职业学校课程目标应该关注课堂文化、校园文化与学生的互动,让学生合理的情感与正确的世界观、人生观、价值观在互动中生成。

三是提供成长平台。职业学校的学生发展早已不止于就业了,课程目标的设定理所当然要进行变革。职业学校课程目标应该充分考虑学生升学、创业等更高的发展要求,在课堂教学中搭建学生成长平台,并以分层式的课程目标坚持学生的发展性评价,进而给学生开辟出自主发展的更大空间。

(二)课程目标实现的可能途径

依据职业学校课程目标的应然取向,其在目前情势下的实现可以通过以下几个可能的途径。一是以职业学校学生学业水平考试为抓手,改善职业学校的教育教学生态,确立科学的知识与技能目标,进而提高学科教学质量。二是以职业资格认证条件为依据,统一学生专业技能学习标准,真正提高实习实训效果。三是以中高职融合贯通为渠道,实施中高职课程的嵌入式学习,分层次提升学生专业素质。四是以校企深度合作为契机,加强研究与实践企业用人标准在学校课程目标中的运用,促进学生职业素养的培养。

(三)应摒弃的几个观点

职业教育课程改革应该在我国新一轮课程改革中有所作为,传统的职业学校课程观、目标论理应得到进一步的涤荡与进化,一些不合时宜的理论观点也应该摈弃。

1. 唯课堂论

课堂是学生接受知识教育的固有阵地,但不唯一。在职业教育中,"课堂即车间"的观点已基本得到认可,但在实践中,教师对于"车间"的概念还比较模糊,许多教师又重新把"车间"变成了单向的、被动的课堂,理实一体教学只是纸上谈兵。不唯课堂论,让学生真正在课堂上动起来,职业教育与课程改革才会有现实的希望。

2. 唯技能论

专业技能是学生从事岗位生产的技术支撑,但学生职业生涯发展需要的不仅仅是专业技能,还有人际交往、岗位迁移等关键能力,这也恰恰可以体现职业教育区别于一般职业技能培训的最重要特征。不唯技能论,重视职业素养整体目标的构建与落实,是职业学校课程目标确立的新动向。

3. 唯就业论

在经济社会迅速发展的今天,职业教育就是就业教育的说法再也无法凸显出以人为本的教育本质。就业不是职业学校学生发展的终结,而是其职业生涯的开始,如何让学生学会规划职业生涯、实现职业生涯的最好发展,应该是职业教育的重要内容。就业也不是职业学校学生发展的唯一出路,还有升学、创业等。由此,职业学校课程目标的确定应该要有更加开阔的视野与胸怀。不唯就业论,就会给学生多一些发展的时空,也会给职业教育带来更大的发展舞台。

三、专业群

我国经济社会的快速发展与生产的转型升级迫切需要职业教育加快实现现代化。产业的集聚发展,产生了"生产组织方式由福特制过渡至后福特制""工作内容由零碎分隔性过渡至协同性"等人才知能结构的变化,突显了专业和技术人员的个体地位,以及专业领域的认同度、协同性特征,"每一位员工将在生产岛中扮演独一无二的角色,并在与岗位上游与下游的对接中协同完成产品的设计、制造与服务"。这些新的变化与专业群的人才培养目标是高度吻合的,专业群内各专业协调地存在于"群""链"之中,其人才培养目标既有个体的关怀,又有整体的观照,二者既相互关联,又各有方向。

(一)专业群的基本内涵

所谓专业群,就是由一个或多个重点建设专业为核心、由3个及以上专业或专门化方向组成的、专业基础相通、技术领域相近、工作岗位相关、教学资源共享的一个集合。专业结构是专业群建设的核心要素,其对接的产业、面向的技术或服务领域以及原有专业结构,决定了专业群的组合、数量以及核心专业。专业群的基本内涵大体可以概括为三点:一是共同的产业基础决定着专业群内专业结构的合理分布。专业群与职业教育在服务面向上是一致的,都突出了区域性服务特征。专业群结构与地方主导产业群结构吻合,各专业岗位分布属于同一产业群(或链),岗位间专业能力的迁移要求低,基本适岗能力趋同。二是协同的专业建设呼应着产业群发展对于人才培养过程中专业配套、结构均衡的客观要求。就是在专业群中以核心、优势专业的发展为引领,带动多个专业基于产业群所需初、中、高级人才结构及人才培养规模的适切、协同发展;三是共享的教学资源成为专业结构集聚下的当然效应。通过统筹共建、集约发展,可以挖掘、整合并发挥出专业群教学资源建设的最大效益,避免重复建设与资源浪费。

(二)现代化专业群建设的基本趋向

专业群建设是现代职业教育发展的产物,应该面向未来、着眼长远,其"现代性"特征至少可以理解为四个趋向。

一是理念国际化。尽管世界经济发展存在着诸多的不确定性,但我国始终坚持全球化发展战略,"走出去"与"请进来"并举,走出了一条中国特色社会主义道路。当今世界的开放性、包容性特征,使现代职业教育在国家之间的交流变得更为充分。一方面,我国职业教育不断学习发达国家的先进教育理念与人才培养模式,努力探求职业教育本土化发展的可能路径,澳大利亚的 TAFE 学院、德国的"双元制"教学、英国的"学徒制",这些都在一定的历史阶段和范围内影响着我国职业教育的发展。另一方面,我国以古代丝绸之路为历史符号,提出"一带一路"倡议,在双边机制下成为新时期各方面国际合作的重要平台,也给职业教育开展国际合作与交流提供了广阔舞台。因此,在现代化专业群建设中,既要遵循现有的国际分工秩序,明确我国的产业发展优势,也要在人才的培养与使用等方面确立充分的教育自信与人才自信,提高为其他国家产业发展培养人才、输送人才的教育服务能力。

二是管理信息化。由于一部分教师存在着自身专业发展的不自觉性,在教育信息化的发展过程中比较消极,所以,以信息化管理带动教育教学的信息化成为了实现教育现代化,尤其是人的现代化的重要路径。而职业学校将信息技术与先进的教育教学及管理活动相结合,实质上也是一种教育生产力的解放,可以有效促进各种教学资源的整合,并在转变人才培养方式、提升院校竞争力等方面发挥积极影响。管理的信息化主要指向工作、任务完成的效率,具体表现为信息的便捷获取,其实现的前提是建有专业群的大数据平台;信息的高效传递,就是有制度与技术的支持,信息传递渠道通畅,在专业或校企之间、师生之间的空间转换上没有阻碍;信息的即时处理,"即时"是指时间上的有效性,还包括处理手段的高效,可以是基于现代技术的智能化分析,也可以是依据校本实际的人工处理;信息的现实再生,主要是要在信息(或者数据)分析的基础上寻找到现实意义,指导专业群建设与人才培养;信息的有效利用,关键是实现包含人才信息在内的共享及其价值的最大化。

三是发展终身化。科技进步与劳动者素质的提高成为当今世界经济增长方式转变的最重要依靠力量,而劳动者自身专业的终身发展也恰恰在一定程度上缓解了劳动者数量的不足,成为推动经济社会可持续发展的关键因素。现代化专业群是为谁建设的? 在人本主义大行其道的今天,其落脚点只能是学生,并且是为了学生的终身发展,也因此,现代化专业群建设的主要目标之一就要对应人的全面发展和可持续发展。在横向布局上,专业群结构要与产业群的岗位结构保持一致,实现教育生产力的提升;在纵向发展上,现代化专业群则应提供更为方便的继续教育和培训服务,可以随时支持企业岗位对于专业技能的不同要求。人的发展是社会发展的产物,而人才的需求与社会的需求,尤其与不断变化、进步的行业、产业的需求是密不可分的。因而,现代化专业群应该具备自我调整与发展的能力,以适应不断变化的专业技能传递需求,最起码能够支持人的整个职业生涯的发展。

四是路径个性化。大规模的工业化生产极大地促进了社会财富的积累,推动了世界的文明与进步。随着社会产品的日益丰富,人们已不再一味地追逐产品的生产效率与数量,转而开始追求产品质量与生活品位,此时产品所赋予的意义开始大于其使用价值,富有创新的个性化追求充斥于世界的各个角落,这也极大地影响了产业发展的价值取向。现代化的产业发展为职业教育人才培养的个性化、专门化提供了可靠的现实依据。尤其是在大力鼓励创新的今天,现代化专业群建设更要突出个性化的人才培养路径,以最适切于学生的方式促成每一位学生的成长。也就是现代化专业群在建设中要为学生成长创造条件,支持学生专业成长的多种可能性,比如为学生提供可以定制的课程,教师在学习空间进行方便快捷的指导,即时出具用于学生自我诊断与调适的评估数据等。当然,多样的选择机会是由职业教育资源以及教学手段的日益丰富带来的。

(三)专业群建设的基本策略

首先,专业群与产业群的结构吻合度调研是合理设计职业教育现代化专业群架构的前提。为产业群提供人才支撑是专业群建设的根本方向,决定着现代化专业群的未来发展。专业群与产业群的结构吻合度主要体现在供需两侧的均衡上,表现为专业群专门化方向的结构及各专业人才培养规模与产业群岗位需求结构及人才需求数量与层次保持协调。这需要职业学校主动联合行业组织与区域内骨干企业,通过严谨的工作程序开展好专业与产业的吻合度调研,以期获得产业群所对应的专业结构,在形成人才需求报告的基础上,专业建设指导委员会对专业设置需求进行充分论证,确定专业设置的可行性,并规划好各专业的相对规模和人才层次——中专、高职大专甚至本科阶段多个层次的教育,以此保证专业群毕业生的专业所学与本地就业岗位高度吻合。

其次,区域内的教育布局规划是现代化专业群优势发展的关键。保证专业群与产业群结构的较高吻合度,关键是区域内各职业学校在主管部门的统筹规划下能够进一步明确自己的功能定位与专业服务面向,避免因同一专业群的重复建设导致专业群与产业群的结构失衡以及最后的人才供需矛盾。这实际上就有一个专业集聚发展的问题:一方面,专业群建设是产业在某一区域集聚成群发展的客观要求,可以提高人才培养的针对性,解决结构性就业矛盾,更好地服务产业群发展;另一方面,专业集聚发展背景下的人才培养可以最大限度地对接产业群发展,统筹教育教学资源,提高人才培养效率。

再次,国际化的办学思路是现代化专业群获得更大发展空间的保障。随着我国在国际分工中扮演越来越重要的角色,众多领域所取得的发展经验已然成为世界范围内的中国方案、中国智慧,中国社会主义特色的职业教育也必将为世界发展做出更大贡献。我国职业教育在学习借鉴先进职教理论与实践的基础上,完全可以依托"一带一路"倡议等深度参与国际分工与合作,面向世界培养技能人才。这需要我国职业教育深入研究国际分工与产业布局,细化专业门类,提升我国职业教育培养国际化人才的能力。

四、课程融合与书证融通

(一)课程融合

一方面是企业课程与学校课程的融合,就是把基于用工标准的企业本位课程与学校专业课程有机融合,在学校本位课程中有计划渗入对应的行业企业课程及其标准。同时,还需要校企合作再造课程教学的流程,以项目为纽带,把学生的学习过程变革为企业的生产过程,实现场景、流程、方式方法等的全域化融合。

另一方面是不同专业的课程融合,主要是基于某些专业的界限日趋淡化,还有部分专业独立存在的条件正在逐步消减。前者如建筑专业的艺术化趋势,设计与美术在诸多领域开始重合;后者则如会计专业,在中等职业教育阶段与其他专业的整合愈显必要,进而成为营销、电子商务等专业课程体系的一部分。课程融合是基于上述两个方面的整体设计,既体现在人才培养方案的课程设置上,也体现在时空安排上,二者不可分割。

（二）书证融通

《教育部等四部门印发〈关于在院校实施"学历证书＋若干职业技能等级证书"制度试点方案〉的通知》(教职成〔2019〕6 号)明确了书证融通是职业教育在人才培养模式、考评模式等方面的重大改革举措。所谓"书证融通",是指基于共同的教育培养与培训对象,通过建立国家资历框架制度,实现学历证书的"1"与职业技能等级证书的"X"两者之间的相互衔接、相互认可以及相互转换。书证融合的应有之义是行业标准、国家专业教学标准、职业技能等级证书标准之间关系顺畅、互为补充。体现在职业学校的人才培养方案上,主要就是人才培养考核评价机制的改革与创新,关键在于处理好证书内容与所授课程的融合,以及教学组织、教学方法的融合。另外,作为书证融通的重要支撑条件,"学分银行"建设也不可或缺,因为学分银行可以对学历证书和职业技能等级证书所体现的学习成果进行登记和存储,实现学习成果的认定、积累和转换。

五、学习工厂

学习工厂是"工业 4.0"时代技能人才培养的新模式,是因应专业整合、适应生产新形态的产物。学习工厂是一种基于真实工作情境,将工业实践与学校教学相融合,实现产学研用多功能整合的学习环境和技能人才培养新模式。其概念肇始于"教学医院",即医学院仿照医院运行模式为学生提供真实的医学体验与培训,学生通过现场观摩和参与,有效提高医学素养。学习工厂吸收了教学医院的思想,企业将特定的生产问题或项目发包给学校,将工厂的生产车间复制到学校。学校教师与企业技术人员共同指导学生,学生在实际生产中学习,并为企业提供解决对策。

早期的学习工厂是基于真实工作过程的学习环境,学习者通过现场参与工业生产的方式进行学习。典型如美国加州理工学院的学习工厂,其硬件配备了最先进的工业级生产设备,可以提供高效运转的工厂环境;软件由数字技术提供通信和决策功能。这个工厂作为校园的环境，将精密加工企业、先进的教育技术以及经实践检验的课程和讲座融为一体。随着生产设备和生产过程的日益数字化，以数字化为关键特征的学习工厂日益受到青睐，它通过计算机和信息技术集成，将所有工作流程、产品以及资源映射到数字模型中，学习者的任务更侧重于规划和模拟。比如，宝马在德国慕尼黑建立的数字学习工厂，通过员工在线交互式学习使其价值导向系统和精益生产原则数字化、形象化，并推广到全球各个生产基地，在提高技能人才能力的同时，提高企业的生产质量和服务水平。

学习工厂蕴含三个重要原则：一是创新课程设计，教会学生如何主动思考和学习。课程从传统的模块化转变为项目式教学，把创新创业教育融入课程内容。二是丰富教学方法，提高学习效果。借助先进数字技术，运用认知学徒制、情境学习、探究性学习等教学方法，创设跨界融合的学习空间，实现知识的双向交流，基于问题的学习与体验式学习，激发学生学习积极性，提高学习效果。三是助力学生职业规划，培养适应产业升级和社会发展的创新型高技能人才。通过理论知识、方法和实践的传授为学生打下坚实基础，使学生成为制造者和创新者。显见，学习工厂强调了面向未来、回归实践，通过真实情境中的学习，提高学生的真实生产技能和综合素质。

第四节　区域职业教育发展的命运共同体

《国家职业教育改革实施方案》指出"职业教育与普通教育是两种不同教育类型，具有同等重要地位"。职业教育作为类型教育这一法定地位，中高职贯通与协同发展是职业教育现代化发展的应然诉求，也是建设现代职业教育体系的基本内容，实质就是职业教育中职、高职和职业本科之间升学通道的贯通。

人类只有一个地球，各国共处一个世界！2012 年 11 月，党的十八大明确提出要倡导"人类命运共同体"意识。2018 年 3 月，第十三届全国人民代表大会第一次会议通过的宪法修正案，更是直接增加了"推动构建人类命运共同体"的表述。《国家职业教育改革实施方案》提出要"厚植企业承担职业教育责任的社会环境，推动职业学校和行业企业形成命运共同体"。从建设"命运共同体"的高度来推动校企合作，是习近平总书记共建"人类命运共同体"倡议在我国职业教育领域的生动体现，也是社会实践创新，具有极高的政治站位。而建设区域职业教育发展命运共同体，是加快发展现代职业教育的创新之举，为缓解就业压力、解决高技能人才短缺提供新思路、新路径、新实践。

一、命运共同体建设的维度

横向上,教育与产业融合发展。当前,产教融合、校企合作是我国职业教育现代化发展路径的自觉选择,这业已成为社会广泛共识。同时,国家和地方相继出台了产教融合、校企合作的一系列政策文件,有力促进了职业教育与行业、产业、企业的融合发展。产业转型升级,尤其是全要素、全产业链的经济集群发展,对区域职业教育专业的群链式发展及其结构提出了新的要求,迫切需要产教融合发展。只有立足区域,产教信息对接才会更加准确、及时;只有产教融合,人才供给与需求才会更加平衡。另外,职业教育与普通教育也可以通过举办综合高中等形式实现融通发展,就是高中教育起始阶段不分教育类型,而是通过学生的自主课程选择来确定未来发展方向,从而明确后续阶段进入哪一种教育类型的学习。

纵向上,中等职业教育与高等职业教育一体化发展。《国家职业教育改革实施方案》以及新修订的《中华人民共和国职业教育法》均已明确职业教育是一种类型教育,自身具有完备的发展体系。中高等职业教育贯通是现代职业教育体系建设的重点任务,可以为满足人们对于更高层次学习需求奠定基础。随着经济社会的加速发展,职业教育的"高等化"趋势日益明显,高层次学习需求不断增加,对职业教育发展提出了新的更高要求。由于职业教育面向的是本地经济事业发展,中高等职业教育区域一体化发展就成为一种应然状态。中等职业教育的办学规模与质量深刻影响着高等职业教育的办学规模与质量,办好高等职业教育是中等职业教育建设与发展的重要动力源泉,中等职业教育则成为高等职业教育的基础教育阶段,保障着高等职业教育的整体办学规模,二者命运与共。当然,中高等职业教育的规模与结构必然要求与区域经济事业发展相适应,一般地,区域经济发达,该地的职业教育也相对发达。

基于上述维度,实现区域职业教育发展命运共同体的主要形式还在于产教联盟与职教集团建设。以命运共同体为引领,产教联盟与职教集团的内部联系应更加紧密。产教联盟中要进一步加强产业和行业、企业在职业教育办学中的话语权,彰显办学主体地位,在享受人才优先储备、使用的同时,切实履行好协同育人的社会责任与法定职责。职教集团则需要在政、行、校、企多方合作中,突破横向合作的固化思维,突出中高等职业教育纵向上的充分沟通,以高等职业教育为引领,试点探索中职—本科分段培养新模式,带动区域内中等职业教育发展。

毫无疑问,产教联盟与职教集团的发展,都必须兼顾城乡职业教育的一体化发展,因为"乡村振兴的逻辑生长点在于农村职业教育"。《中共中央 国务院关于建立健全城乡融合发展体制机制和政策体系的意见》也明确要"建立城乡教育资源均衡配置机制",形成"以城带乡、整体推进、城乡一体、均衡发展"的崭新格局。这既是城乡融合发展、新型城镇化建设的需要,也是教育公平在职业教育领域的生动体现,为乡村振兴和农业农村现代化作出更大贡献。

二、实现发展愿景的关键

联合国教科文组织编写的《学会生存——教育世界的今天和明天》一书指出,技术训练的责任不应单单落在或基本上落在学校体系身上。这个责任应由学校、商业与其他企业、校外活动,同积极合作的教育家、工商业的领导者、工人和政府一起,共同担负。显然,职业教育的发展是一项全社会的系统工程。

利益的契合是命运共同体建设的前提。在区域职业教育发展命运共同体中,区域社会协调发展是最大的宏观背景,是局部与整体的关系。而各方最终汇为一体的纽带则是"人",企业发展需要源源不断的技术技能人才,社会文明进步需要依靠高素质的劳动者,而职业教育则以培养、培训技术技能人才为己任,为了人、依靠人、发展人成为利益各方追求的不二目标。也只有坚持权利与义务的一致,以人才供给与需求的良性互动关系来维系,共同体建设才会有坚实的基础。如果以其他为目的,比如企业只主张用人需求,"利"字当头,而不履行育人义务,共同体建设则无法持续发展。

道路的融合是命运共同体建设的基础。对于建设命运共同体的道路认同,需要体制机制引领。以产教融合为例,首要的就在于制度建设,这不仅需要打破原先格格不入的管理格局,更在于企业或社会民间资本进入职业教育领域以后,财产收益、人员管理等制度创新如何获得法律支持。同时,建设职业教育发展命运共同体,需要将"国务院职业教育工作部际联席会议"制度自上而下贯彻到省、市层面,多部门统筹,协同推动区域内职业教育的现代化发展。

资源的整合是命运共同体建设的保障。区域资源整合是催生社会发展新动能的重要路径,整合力度与质量直接影响着职业教育和经济社会发展的质量与水平。一方面,各类资源在区域内得到充分统筹,与经济事业发展在规模、结构、质量与发展水平上保持一致,避免浪费和不充分、不平衡发展;另一方面,职业教育资源与产业、普通教育、高等职业教育领域资源保持充分流通,区域优质资源得到充分配置,社会发展效率明显提高。显然,职业教育资源的充分开发与共享,是区域职业教育发展命运共同体建设的重要保障。

三、命运共同体建设的路径选择

（一）普职融通

以普职融通为纽带,促进职业教育功能横向延伸。早在 2010 年,《国家中长期教育改革和发展规划纲要（2010—2020 年）》就提出要推进"职业教育与普通教育相互沟通"。立足职业教育功能的发挥,普职融通主要体现在两个方面,一方面,职业学校依托骨干专业资源建立职业体验中心,将师资队伍、课程体系和场所设施在县域范围内进行优化组合,小学开设职业启蒙课程,初中开设职业体验课程,高中开设职业生涯课程,丰富学生生涯选择;另一方面,可以在高中阶段普通教育与职业教育双向选择与流通上开展试点探索,拟订柔性化学习制度和政策,增加学生选择学习的机会,促进学生更适宜地发展。

以构建现代职业教育体系为目标,促进职业教育功能纵向拓展。职业学校前接义务教育学校,后续高等院校,是国民教育体系的重要组成部分,也是系统开展职业教育的基础阶段,还是人的职业生涯最为关键的探索初试阶段。现代职业教育体系建设是办好职业教育这一类型教育的重要方面,其中重点任务之一就是在学制上贯通职业学校学生的上升通道,尤其是彰显长学制在学前教育、护理、养老服务、健康服务等专业人才培养上的优势。除了学制衔接以外,人才培养方案的衔接和课程衔接才是现代职业教育体系建设的真正内涵所在,我们主要以中高职专业衔接为试点,重点研制中高职衔接专业人才培养方案和课程标准,用以指导中高职教育协同发展。

（二）县域统筹

县域内打造职业教育发展命运共同体,优化功能环境。以县域高等职业教育为引领,以中高职衔接为纽带,联合本地区行业企业,协同成立职业教育发展命运共同体,促进县域内同一行业企业、中高等职业学校共同发展。坚持系统理论,打造职业教育发展命运共同体,强化县域内中高等职业教育规模与质量的均衡发展,将中等职业教育视为举办高等职业教育的重要依据,从而实现县域内职教资源的整合与优化,促进职业学校及其专业的合理布局。职业教育发展命运共同体还包括县域内城乡职业教育的统筹发展,以落实乡村振兴战略为目标,以县域职业教育中心校为龙头,功能集聚与示范辐射相结合,带动乡镇职业学校、成人学校、社区学院一体化发展。

县域外突出职业教育发展相互联通,优化功能辐射。职业教育服务于县域经济社会发展,但并不排斥优质职业教育资源的外向辐射。相反,高质量的现代职业教育有义务在普及教育、扩大就业等方面做出更多贡献。如扩大高等职业教育规模,发达地区职业教育资源丰富,却生源不足,而欠发达地区生源充足,职业教育资源却相对短缺,这种结构性"两难"矛盾制约了我国由人口红利向人才红利释放的转变,亦充分说明职业教育跨区域发展的重要性。职业教育发展的相互联通,可以在更为宏观的层面上整合职业教育资源,放大职业教育功能,包括职业教育对于产业发展的支持,进而对职教富民战略形成全方位支撑。条件成熟时,优质职业教育资源还可以向国外、境外辐射,与"一带一路"沿线国家开展职业教育交流与合作,建立与中国企业和产品"走出去"相配套的职业教育发展模式,实现合作共赢。

第五节　人才培养方案的制订与实施

党中央、国务院始终高度重视职业教育,把职业教育摆在了前所未有的突出位置,围绕《国家职业教育改革实施方案》密集发布了相关配套文件,推出系列改革举措,为职业教育创新发展指明了方向,提供了根本遵循。2020 年全国教育工作会议进一步提出"职业教育要在以质图强上下功夫"。《教育部关于职业院校专业人才培养方案制订与实施工作的指导意见》(教职成〔2019〕13 号)指出,专业人才培养方案是职业院校落实党和国家关于技术技能人才培养总体要求,组织开展教学活动、安排教学任务的规范性文件,是实施专业人才培养和开展质量评价的基本依据。显然,专业人才培养方案是职业学校人才培养的"施工图",是职业教育人才培养高质量的起点。

一、人才培养方案的多维度契合

《教育部关于职业院校专业人才培养方案制订与实施工作的指导意见》明确提出"专业人才培养方案应当体现专业教学标准规定的各要素",包括专业名称及代码、入学要求、修业年限、职业面向、培养目标与培养规格、课程设置及要求、学时安排、教学进程总体安排、实施保障、毕业要求等 10 个要素。归纳起来,人才培养方案的实施重点就是基于职业的人才面向和基于课程的全面发展。

（一）人才面向:彰显"终身发展"理念

在现代职业教育体系中精准定位。举办职业本科教育,既有西方国家如德国双元制大学、英国多科技术大学、法国工程师学校等实践佐证,也是我国产业发展到新的阶段的必然要求,大大拓宽了职业学校的人才培养面向。这里有一个中职、高职、本科高校在人才培养中的分工与合作问题。作为初中级职业教育层次的中职学校,在人才培养方案中对学生可能升入高职、本科高校继续深造的准备不可或缺,应该做到不越位更不缺位。同时,由于我国职业教育与技术教育的政策导向趋于单一化、行业归属淡化、学制基本统一、中高职一体化管理等,客观上促进了职业教育管理效能的提高,但不同行业对应专业的职业教育存在诸多显著差别,需要维持三年制中专、五年一贯制高职、"3＋3"中高职衔接、"3＋4"中职—本科分段培养等多种学制并存的局面。这些丰富的办学形态和学制,恰恰是我国完善现代职业教育体系的重要组成部分,其出发点也正是为了满足学习者的生涯发展需要。不同的办学形态和学制,需要职业学校在人才培养中找到自己的位置,而不应游离于体系之外。

在职业教育目标转向中科学换位。现代职业教育已不再满足于学生单纯对某一项专门技术的掌握,更多向生涯教育转变。其中,对"人之所以为人"理念的尊崇是驱动就业教育转向生涯教育的内在机理。这不仅需要学校与企业合作开发生涯教育课程,构建生涯教育体系,更需要职业学校能够在人才培养方案得到基本遵循的前提下,针对学生职业生涯发展的具体目标,帮助其制定一份属于个人的成长计划,最终实现学生生涯的生动发展。

在职教命运共同体中有机对接。《教育部 财政部关于实施中国特色高水平职业学校和专业建设计划的意见》(教职成〔2019〕5 号)明确,落实《国家职业教育改革实施方案》,要"集中力量建设一批引领改革、支撑发展、中国特色、世界水平的高职学校和专业群,带动职业教育持续深化改革,实现高质量发展"。这里的"带动"二字,不仅是对高职这一层级其他院校的推动发展,也包含了对中职教育的示范引领,最终形成区域内高职教育的命运共同体。这既要求同一区域内高职教育发展规模的相对适宜,也要求中等职业学校在人才培养的组织实施中向高职院校靠拢,进而达成更高质量的人才培养目标。

（二）全面发展:贯彻"五育并举"要求

坚持德育为先,智育(技能)为本,广泛开展体育、美育、劳动教育,形成"五育"教育课程化、体系化,这是新时代职业教育的历史使命和责任担当。2018年9月,习近平总书记在全国教育大会上指出,要把培养德智体美劳全面发展的社会主义建设者和接班人作为教育的根本任务。"五育并举"的目标就是学生的全面发展,关键则是补齐体育、美育和劳动教育的短板。

体育课程特色化。1917年毛泽东在《新青年》上发表的《体育之研究》,提到体育具有"强筋骨、增知识、调感情、强意志"等四大功用,在今天仍然具有很强的现实指导意义。职业学校的体育在统一标准和测试环节、促进学生提高身体素质的同时,还可以与专业相结合,开发出独具特色的体育课程,以适应不同专业对体力、耐力、观察力等方面的不同要求。

美育教育人人化。美育教育是职业教育教学改革的重要组成部分,必须面向每一个专业的全体学生,培养每一个学生感受美、表现美、鉴赏美、创造美的能力。一方面,把社会美育和学校美育相结合,以非遗文化进校园为重点,推动地方优秀传统文化艺术进课堂;另一方面,把专业、产业文化和校园文化相结合,重构学校文化内涵,在行业、企业文化的提炼、转化和融合上下功夫,真正使职业美育成为高素质技术技能人才培养的助推剂。

劳动教育体系化。习近平总书记强调,要教育引导学生崇尚劳动、尊重劳动,懂得劳动最光荣、劳动最崇高、劳动最伟大、劳动最美丽的道理,长大后能够辛勤劳动、诚实劳动、创造性劳动。2019年,中央全面深化改革委员会审议通过的《关于全面加强新时代大中小学劳动教育的意见》,在国家层面把劳动教育摆在了人才培养与成长的重要位置。毫无疑问,劳动教育与职业教育有着天然的联系,而职业学校开展劳动教育的当务之急就是劳动教育的体系化构建,比如劳动教育基地建设、劳动教育课程开发、劳动技能考核评价等,而不是仅仅把劳动教育作为一种体验成为职业教育的点缀。

二、人才培养方案的实施策略

《教育部关于职业院校专业人才培养方案制订与实施工作的指导意见》明确要求,在职业学校专业人才培养方案的实施中要"全面加强党的领导",指定"学校党组织负责人、校长是专业人才培养方案制订与实施的第一责任人,要把主要精力放到教育教学工作上来"。在具体实践中,职业学校还需要进一步完善管理机制,优化实施策略,为培养高素质技术技能人才保驾护航。

(一)建立校企合作的修订机制

修订的组织。职业学校人才培养方案的修订工作一般以专业群为单位,在专业建设指导委员会的指导下,由专业负责人牵头落实。参与人员应该包括企业一线技术人员和学校专业教学骨干教师。对于原先人才培养中存在的问题要有定量分析,避免仅凭直观感觉就做出非理性的决断。人才培养方案的最终决定权在学校教务部门,由学校教务部门审核后报上级教育主管部门审定备案,通过后方可正式实施。

修订的原则。一是学生发展原则,就是修订后是不是更有利于学生的发展,重点包括"五育并举"的全面发展、中职—高职—职业本科的贯通发展等;二是学校保障条件,也就是修订后的人才培养方案的可行性,避免脱离教学实际成为一纸空文;三是兼顾企业要求,企业用人的合理诉求应该在人才培养方案中得以体现,但不能只是为了满足眼前的特定企业的用人需求。

修订的步骤。一是收集存在问题,对学校落实人才培养方案过程中存在的问题进行初步分析,理清需要修订的问题域,做到有的放矢;二是开展专业调研,各专业群围绕对应产业群(链)、岗位群(链)的人才培养要求,深入行业和园区企业生产一线,就问题存在的真实性及其根源、解决办法等进行调查,形成调查报告;三是组织专家论证,对调查报告结果及人才培养方案修订的意见建议进行论证,提出可行性修订意见,完成初稿;四是公开征求意见,向专业教师发放初稿,回收意见建议;五是修订后公示并在公示结束后按程序上报学校,待后公开发布。

(二)建立职业学校的管理机制

健全管理网络。优化学校内部治理结构,联合行业企业负责人,协同专业建设指导委员会,成立专门机构或配备专人负责人才培养的相关指导工作;由专业负责人具体落实本专业人才培养方案的制订、修订、组织实施与协调落实等。发挥学校教务部门和教学督导室职能,借助学校教学自主诊断与改进机制,对人才培养方案的落实情况进行监督检查和评估诊断。建立企业用人反馈机制,定期开展人才培养与企业岗位适配性调查;建立与高职院校的对话机制,掌握与高职院校人才培养方案的对接紧密度,对下一轮人才培养方案的修订提供参考。

优化管理流程。前提是明确管理指标,就是要求围绕人才培养方案的落实进一步完善人才培养的质量监控指标体系,把人才培养方案所涉及的主要内容细化分解为直观的测量点。保障是建立管理平台,校企共建人才培养信息平台,能够实时分享相关数据和信息,实现人才培养供需两侧的信息对称。关键是基于数据的分析,各专业能够掌握第一手资料,分析存在的问题,并提出解决方案。

建立年报制度。根据人才培养方案落实实际情况,由学校教务部门牵头各专业共同编制学校人才培养质量年报,客观总结成绩,查摆存在问题,提出整改措施,并上报学校审核,通过后向社会公开发布,主动接受教育行政部门和行业、企业等社会各界监督,督促学校不断提高人才培养质量。

（三）建立第三方评价机制

明确第三方评价职责。基于"1＋X"证书制度的第三方评价,主要是由对应职业技能等级证书的培训评价组织来实施。培训评价组织在试点阶段的主要任务和职责是师资培训、教材开发与销售、考点建设、考核发证等,评价职责则主要在于证书考核。目前最紧要的问题在于证书标准与学校教学标准的对接不够紧密,教学与考证存在脱节现象,相关试点证书的一次合格率偏低。这需要培训评价组织能够开展更为有效的贯标培训活动,对人才培养方案的修订、办学资源的配置等进行更为清晰地描述,促进职业学校内部质量保证体系建设与整改。

完善评价过程。一是职业学校主动接受培训评价组织的评价,如实提供现场和过程性资料,积极组织学生按要求规范参加证书考试,为结果正义奠定基础。二是主动争取培训评价组织的指导,从贯标开始,到把标准融入教学标准、用于教学实践,再到实习实训室和考核站点建设,全过程参与书证融通试点实践。三是聚集优质资源,与企业合作共建专业、共享成果,为提高人才培养质量提供可靠保障。

加强评价结果使用。一方面,高度重视由第三方组织的学生考证结果。考证结果可以作为人才培养绩效考核的重要依据,但更重要的是通过对考证结果的深入分析,可以有效检视证书标准与教学标准的对接状况,进而对教学标准做出进一步调整。另一方面,合理吸收基于人才培养方案落实的第三方评估意见与建议。比如课程教材的开发与使用,教学模式的变革,实习实训的组织安排,考核站点的规划设计与建设等,以改善和优化人才培养环境。

【实践2】融合教学改革

一、中职"德知技融通　校企行联通　课岗证贯通"的专业课程融合教学改革

江苏省通州中等专业学校针对专业教学中存在的学校、企业和行业合作不深入,教学组织实施不能反映企业岗位变化要求和行业人才标准;课岗证联系不紧密,专业教学脱离生产实践;德知技分离,学生综合职业能力和生涯可持续发展能力不强等现象,联合江苏省教育科学研究院和相关行业、企业,自2013年起,以江苏省职教教改课题《基于现代职教体系的中职专业课课程改革的实践研究——以通州中专机电专业为例》为基础,深入探索构建中职融合教学体系,以期解决教学目标与岗位需求"两张皮"、教学内容与生产任务相脱节、教学过程与工作逻辑相悖离等问题。

所谓中职融合教学体系,就是以德知技全面融通为目标,以校企行多主体联通为保障,以学校课堂教学、企业岗位生产和行业能力标准贯通为路径,形成了目标、内容、情境、过程和评价"五融合"教学体系(图2-1)。具体举措有以下几个方面:

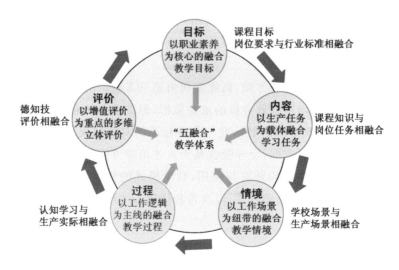

图2-1　中职融合教学"五融合"教学体系

一是确立了以职业能力为核心的融合教学目标。即课程目标与岗位要求、行业能力标准相融合，把岗位要求、能力标准融入专业课程教学中。

二是建立了以工作任务为载体的融合教学内容。即课程知识与岗位任务相融合，由学校教师、企业师傅、行业专家和学生一起创生并不断优化的综合性学习任务。

三是构建了以工作场景为纽带的融合教学情境。即学校学习场景与企业生产场景相融合，系统提炼生产元素，有机融入教学要素，形成符合生产要求、利于合作学习的教学情境。

四是形成了以工作逻辑为主线的融合教学过程。即认知学习与生产实践相融合，通过课内外贯通，多主体协同在目标商定—任务创生—生产实践—展示评价"四阶"递进中完成学习任务。

五是实施了以增值评价为重点的多维立体评价。即知识习得评价与技能习得评价相融合，以素质为核心，聚焦学业提高和生涯发展，开展面向行动学习的过程评价和综合评价，全面提高认知水平和技能水平，促进每一位学生德知技协调发展。

通过专业课程的融合教学改革，提高了教育教学质量和育人成效。在融合教学的课堂上，学生的参与度和获得感得到了充分体现，学生的成长自觉得以激发，涌现了一批德知技全面发展、综合职业能力强、职业生涯可持续性发展的优秀毕业生。教师与学生共同创生综合性学习任务，在不断优化学习方案中完成学习任务，促进了师师同研共进、师生教学相长，一群优秀教师脱颖而出。校、企、行利用各自资源，全程参与融合教学全过程，形成了融合共生、多方共赢的生动景象。

二、中职"定制　融合　共生"的公共选修课程教学改革

学校针对中职学校普遍存在的学生个性化发展不充分、人才培养质量不高等现状，与南通市教育科学研究院合作，自 2013 年开始依托江苏省职教教改课题《中职公共选修课程课例开发研究》，开展了具有校本特色、区域特点的中职公共选修课程教学改革探索（图 2-2），试图解决定位不准、课程属性彰显不充分，资源不足、学生自主选学无保障，方法单一、学生的学习动力不足等问题。具体做法为如下。

一是优化人才培养方案，确立"错位互补"的公共选修课程属性。以综合素养培育和个性化发展为旨归，遵循扬长、补短、博闻原则，依据职教特质、区域特

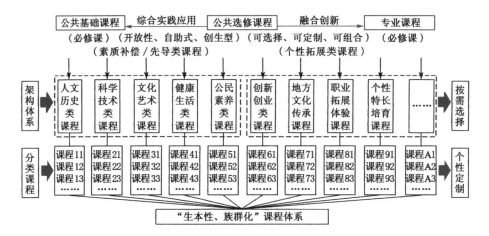

图 2-2　中职"定制　融合　共生"公共选修课程体系

点、学校特色和活动特征,优化人才培养目标,细化课程设置,确立与公共基础课程、专业课程"错位互补"的公共选修课程属性。

　　二是系统集成、模块设计,构建"生本性、族群化"的课程体系。根据中职学生生涯发展需求,集合各类资源,系统开发中职公共选修课程,按照素质补偿和先导、个性拓展等归类,分别开发人文历史、科学技术、文化艺术、健康生活等课程群,建成 80 门课程,满足中职学生服务区域社会发展和自我发展的需求。

　　三是优势互补、多元整合,打造"跨界融合"的教学团队。基于公共选修课程实际教学需要,引进非遗大师、企业技师、能工巧匠等,与课程指导专家、学校特长教师、信息技术助教等一起组成"跨界融合"教学团队,协同组织公共选修课程教学。

　　四是活动体验、踊跃展示,探索形式多样的教学方法。按照综合素养习得规律,设计"体验—学习—展示"的基本教学环节,结合不同课程特征,开展多形式的课程体验活动,为每一个学生提供展示学习所得的舞台,增强学生学习自信和参与学习的主动性、积极性。

　　"定制　融合　共生"的中职公共选修课程教学改革,聚焦培养中职学生综合素养,形成了"学分制、个性化、可定制、菜单式、模块化、开放式、能展演"的公共选修课程校本化实施样本。自实施以来,学生多受益、教师获发展、学校显特色,学生的综合素质、专业发展、创新企业能力、社会评价,以及教师建课能力、教学能力等均有明显提升,已经成为区域职业教育高质量发展的特色品牌之一。

第三章 升级:职业学校发展的基本目标和应然方式

升级的基石是融合,融合是升级的动力源泉,只有融合发展才能推动学校升级;升级的目标是超越,超越是升级的时代诉求,只有以超越为目标的升级才更有价值和意义。学校将以深化产教融合、校企合作为基本路径,全面升级理念、路径与能力,为学校早日实现超越发展、领航发展奠定坚实基础。

第一节 职业教育升级发展的内在逻辑

一、需求侧:产业转型升级

世界金融危机犹如一把"双刃剑",一方面冲击并改变了全球产业链的分工布局,迸发了产业转移和人口迁移;另一方面促进和推动了全球产业技术的升级和迭代,从而形成了世界范围内的第四次产业升级浪潮,给各类教育带来了巨大的挑战——尤其是对与产业转型升级紧密联系的职业教育来说,其面临的挑战更大。如果学校形态的职业教育与产业经济的关系存在"空隙",那么产业经济的急速变迁只会对职业教育的影响更加严重,甚至有可能造成人才供求严重不平衡、产业发展得不到人才支撑的后果。而产业领域不断变化的人才需求,迫使职业教育处于不断调整之中,甚或产生了人才培养的某种焦虑,主要体现在不断修订专业人才培养方案,进而导致落实人才培养方案的课程体系和实现培养目标的课程范式不得不进行改革——推动职业教育升级。

二、挑战:供需矛盾

当前,我国经济正处于转型升级的关键时期,对于经济结构的转型升级而言,人才必然是原动力。作为与区域经济发展联系紧密且直接为其输送技术技能人才的职业教育,在推动区域经济社会发展进程中承担着重要使命与责任。

我们看到,"新旧动能"的变换直接加速了区域产业经济转型升级的步伐。随着产业结构的不断优化,新业态、新模式、新岗位不断涌现,一方面区域经济发展对先进技能型适用人才的需求得不到充分满足,另一方面,职业教育在支撑产业发展以及服务地方经济社会发展等方面,出现了能力不足的问题,特别是无法有效适应新的生产方式、生活方式、工作方式带来的人才需求变化。

（一）人才总量供应不足

在区域经济加速发展中,各类企业需要大量的技术技能人才,面对技术技能人才供不应求的现状,尽管各地职业学校每年毕业生众多,但仍不能有效满足区域经济社会发展的需要。特别是一些经济发展相对欠发达地区,职业学校数量少、规模小、能力弱,一时无法提供充足的人才,加之本地薪酬待遇低、就业环境差等原因,难以吸引外地人才到本地就业,造成总量供应矛盾愈加突出。

素质结构不够合理。产业向中高端转型升级发展需要大量的高级技工以及以上层次的技术技能人才,而大批的初中级技术人员只能匹配低端产业。但在现在职业教育体系中,包括按"3+2""3+3""3+4""5+2""7+0"等模式培养的学生,毕业后进入就业市场的高级技工以及以上技术技能人才数量十分有限,多数毕业生只能适应初中级岗位,难以满足产业转型升级对高素质人才的需求。

（二）职业教育特色不突出

一些地方注重开发特色资源,相继发展成为区域优势主导产业,但与此相应的职业教育却十分落后,根本没有办法与当地产业实现高质量的同频共振,职教特色和品牌难以形成,所需的技术技能人才主要靠引进,难以充分满足需求,致使在转型升级发展中遭遇人才瓶颈。同时,在一些职业学校中,一些工科类专业由于学历认证的缺失,使就业受阻,办学受到束缚。而财经类专业虽然优势明显,基础较好,口碑也不错,但专业狭窄,在适应区域产业经济升级的人才需求上也不尽理想。

（三）人才供需相脱节

从现实情况来看,部分职业学校办学与当地经济产业发展匹配度较低、专业结构与产业结构吻合度不高。一方面,职业学校属于独立办学,其与企业建立真正的利益联结机制还有待时日,因而职业学校并不完全清楚企业的需求。另一方面,企业注重成本、追逐利润,对技术技能人才的培养重视不够,大多数企业实施"拿来主义"——国家政策红利的弥漫使其缺乏自我培养的积极性,尤其是人员流动性较大的中小型企业、小微企业更是如此。因此,校企之间难以实现真正的无缝对接,职业教育与企业需求严重脱离,进而大大降低了教育的职业性、适应性。

三、供给侧:升级已是应然

进入新世纪,我国积极应对全球化发展机遇与挑战,不断深化改革开放,加速产业转型升级,推动制造业中高端发展,经济社会发展取得巨大成就。在这一进程中,产业转型发展对人才供给侧改革特别是职业教育发展提出了新的更高要求。无论是扩大人才培养规模,还是提高复合型、创新型技术技能人才培养质量,都已成为现代职业教育服务产业发展、助推人才培养高素质所亟须达成的基本目标,也成为职业教育因应产业转型升级发展的应然方式。

升级是职业教育不断迈向现代化的创新实践。职业教育的升级发展是职业教育发展到现阶段的必然追求,是进入发展新阶段的动能孕育期。这一时期的发展重点是要在遵循客观规律的前提下做到"承前启后"。"承前"就是立足既有发展,坚定走中国特色社会主义职业教育现代化之路,而不是脱离实际、否定实际的"越级"发展;"启后"则是对接产业发展需求,在更高层次上提出今后一段时期职业教育发展的新目标、新路径以及保障举措等。同时,升级还必须坚持点面结合、统筹兼顾、彼此协同的全面发展观,扬长补短促发职业教育发展新动能,在"破茧成蝶"中为世界职业教育提供"中国方案"。

总的来说,升级意味着职业教育的办学目标在人与社会的协同发展上更为均衡,既兼顾经济社会发展需求,又重视人的全面发展;意味着职业教育的办学路径更加灵活和多元,从根本上激发出体制机制的办学活力;也意味着职业教育的办学功能更趋完备,学历教育和社会培训并举,使之成为一种教育类型,更成为终身教育不可或缺的组成部分,最终实现职业教育的高贡献度、高美誉度和高吸引力,为全社会的事业协调且均衡发展奠定基础。

第二节 育人理念:全面发展与适合的职业教育

一、"五育"并举

未来的竞争会是什么呢? 2016 年发布的《中国学生发展核心素养》已经明确指出,所谓核心素养,就是 21 世纪我国学生应具备的能够适应终身发展和社会发展需要的必备品质和关键能力，包括人文底蕴、科学精神、学会学习、健康生活、责任担当、实践创新等六大素养，其核心目标就是培养"全面发展的人"，本质上就是对我们"培养什么样的人"的重新理解。这些核心素养正是职业学校学生获得成功生活、适应个人终身发展和社会发展需要的、不可或缺的共同素养。

以"五育"并举实现全面发展。习近平总书记在2018年全国教育大会上指出新时代教育目标是"培养德智体美劳全面发展的社会主义建设者和接班人"。面对新形势、新任务，职业教育的当务之急是补齐美育和劳动教育短板，尤其是要密切职业教育与美育、劳动教育的内在关联，将二者融入学生专业成长之中。在新发展理论下，现代职业教育不仅服务经济社会发展，而且最终必定指向培养高素质劳动者和技术技能型人才，实现教育工具功能与本体功能的完美合璧。现代职业教育重塑"五育"并举的育人理念，彰显了职业教育的本体功能，回归了职业教育价值理性。

德育上，一是要推进思想政治课程改革，学习落实《全面推进"大思政课"建设的工作方案》，推动践行社会主义核心价值观；二是要深挖德育在地资源，利用当地红色资源开展爱国主义教育、革命传统教育、中华优秀传统文化教育等各类德育活动，打造德育特色实验学校；三是要打造德育师资队伍，培育各级德育名师、德育骨干教师，建设德育工作室、班主任工作坊，锻造德育管理队伍；四是要坚持"三全"育人，落实德育首遇制，实施家访全覆盖，保持与企业、社区、家长（家长学校）及相关部门联动，织密育人网格。

智育上，重点是要继续深化"三教"改革，推动实施教师专业发展行动，配套出台相关激励制度，打造"双师型"教学团队，尤其是要完善教师下企业实践和企业师傅到学校兼课管理办法，培养一批拥有远见卓识的专业带头人。推进基于校本理念的教学改革，大规模开发新型教材，建设精品课程，培育"金课"和各类教学成果。执行教学常规管理制度，落实区域资源共享、协同备课等制度机制，推动教研科研创新，扎实提高学生学业质量。

体育上，大范围开展阳光体育运动，培育体育"一校一品"；深化体育课堂改革，开发体育活动课程，提高学生身体素质；精心组织开展好校运会、体育节，积极组织学生参加各级各类体育竞赛活动，使学生爱上操场、爱上运动，强健体魄。

美育上，依据专业特点打造特色品牌，可以开展艺术教育，有条件的甚至可以建设师生剧场，在挖掘本地历史、人文资源的基础上，有计划排演经典剧目，让艺术欣赏天天有,丰富学生校园生活,提升学生艺术鉴赏力、表演力。

劳动教育上,则是要进一步弘扬"劳动光荣、技能宝贵、创造伟大"的时代风尚,与相关行业企业、现代农业基地等合作,高标准规划建设劳动教育基地,使之成为学生的农耕实验场、体验观光地,让劳动天天做。同时,要丰富劳动教育内涵,开发劳动教育课程,做好劳动实践周、青年志愿者服务等活动。

同时,我们还要以生涯教育促进可持续发展。职业教育由就业教育转向生涯教育,是育人目标的一次重大升级,使学生终身可持续发展成为可能,也为经济社会发展的人力资源开发与积累创造了更为现实的条件。生涯教育的内容之一是帮助学生进行合理的生涯规划,并提供可能的和适合的教育来保障其生涯目标的实现。这里,职业教育的包容与无歧视性原则将最大限度保证面向人人组织教学,并充分尊重每一个人的学习选择权。

二、适合的职业教育

(一)"适合的教育"

2017 年 5 月,中央全面深化改革领导小组第三十五次会议审议通过的《关于深化教育体制机制改革的意见》指出,要大力宣传普及适合的教育才是最好的教育等科学教育理念。2019 年 10 月,第十九届中央委员会第四次全体会议通过的《中共中央关于坚持和完善中国特色社会主义制度 推进国家治理体系和治理能力现代化若干重大问题的决定》要求,加快发展面向每个人、适合每个人、更加开放灵活的教育体系。本质上,国家落实立德树人根本任务的基本路径就是实施"适合的教育"。但不同的人从不同立场对"适合的教育"有不同的理解,我们不妨从个体和社会两个维度来审视。

从个体维度看,"适合的教育"是面向人人、因材施教的教育。"适合的教育"可追溯到两千多年前孔子"有教无类"和"因材施教"思想。"有教无类"思想源于孔子提出的"自行束脩以上,吾未尝无诲焉""有教无类"等论述,东汉学者马融把这些论述解释为"言人所在见教,无有种类"。在孔子看来,教育对象是没有差别的,只要愿意接受教育,履行入学手续,都可以成为他的门生。同时,孔子指出:"中人以上,可以语上也;中人以下,不可以语上也。"这是说人的资质有上、中、下三等之分,对不同资质的人的教学要求可以不一样。朱熹对此的注释是:"圣贤施教,各因其材。小以小成,大以大成,无弃人也。"于是就有了"因材施教"的说法。

（二）"适合的职业教育"

作为一种教育类型的职业教育，是一个由举办者、管理者、学习者等多主体共同演绎的社会活动，是一个利益与要求相互交织、相互影响的相关各方联结而成的特殊组织，同时也是复杂社会系统中的一个不可或缺的组成部分。职业教育的这一特征内在地决定了主体的复杂性和要求的多样性。不难理解，其中最为重要的三大主体应该是国家、社会和学生。

1. 国家要求是其合法存在的前提

国家对职业教育的要求体现在以下两个方面：一是对职业教育组织成员的要求，包括构成职业学校的两大主体——学生和教师。从事职业教育的教师固然有着特定的职业标准和道德操守，职业学校的学生则有着更为规范的成长目标——具备从事某种职业或者实现职业发展所需要的职业道德、科学文化与专业知识、技术技能等职业综合素质和行动能力，最终成长为德智体美劳全面发展的社会主义建设者和接班人。这应当成为所有接受职业教育者努力的方向。二是对职业教育组织自身的要求。新修订的《中华人民共和国职业教育法》第三条规定，职业教育是与普通教育具有同等重要地位的教育类型，是国民教育体系和人力资源开发的重要组成部分，是培养多样化人才、传承技术技能、促进就业创业的重要途径。第四条规定，职业教育必须坚持中国共产党的领导，坚持社会主义办学方向，贯彻国家的教育方针，坚持立德树人、德技并修，坚持产教融合、校企合作，坚持面向市场、促进就业，坚持面向实践、强化能力，坚持面向人人、因材施教。实施职业教育应当弘扬社会主义核心价值观，对受教育者进行思想政治教育和职业道德教育，培育劳模精神、劳动精神、工匠精神，传授科学文化与专业知识，培养技术技能，进行职业指导，全面提高受教育者的素质。这些规定应当成为"适合的职业教育"必须遵循的首要标准。

2. 社会需求是其类型特征的内在规定

这主要体现为以下三个方面：一是人才类型的需求。社会既需要培养一大批学术型和工程型人才，也需要培养更多的生产、管理和服务一线所需的技术型和技能型人才，由不同的学校机构进行分工培养就成为一种必然，这是当今社会对职业教育人才培养的类型要求，也是"适合的职业教育"的内在追求。二是人才质量的需求。质量既是客观的，同时也是主观的，并且事实上，质量的客观性往往最终也要通过主观性表达并体现出来。总的来说，考察职业教育人才培养质量主要从"入口"与"出口"进行。前者考察什么样的人进入职业学校，后者考察这批人经过职业学校的培养后获得的专业知识、技能和态度等人力资本的增量，以及学生所消费的教育服务是否适应社会需要、是否适合学生发展。对于人才培养而言，没有质量的职业教育是无效的教育、不道德的教育，或者不能称之为真正的职业教育，当然也不可能是"适合的职业教育"。三是人力资源发展的需求。诚如美国学者凯文·凯利所说，"所有的东西都在不断升级"，在不久的将来"所有的东西都变成了另外的东西，所有的东西都是一种流动的状态，都在不断地改变"，这种趋势对职业和工作的影响是显而易见的。随着"中国制造 2025"战略的实施，当下的中国经济形势也总体呈现出融合的趋势，表现为产业融合和虚实融合，即传统产业的边界开始变得模糊，互联网、大数据、人工智能和实体经济深度融合。这就要求职业教育主动适应并积极应对，将学生可持续发展能力的培养作为人才培养的重要指标加以考量。

3. 学生需求是其本质追求

教育的根本使命是育人，"适合的职业教育"更是追求培养整全的技术技能人才的一类教育。可以从学生群体共通性要求和学生个体独特性要求来理解。一方面，"适合的职业教育"要符合学生群体共通性需求。首先，要符合这一学生群体的身心发展规律。人的身心发展是有阶段的，不同阶段表现出不同的总体特征及主要矛盾，面临着不同的发展任务。在职业教育的教育教学中，应着眼于学生的"最近发展区"，为学生提供带有难度的内容，所谓"跳一跳够得着"，以此调动学生的积极性，充分发挥其潜能，同时在教育教学过程中要通过各种方式手段激发并努力帮助学生尽力一"跳"，使其超越"最近发展区"而达到下一发展阶段的水平，在此基础上循环往复、螺旋式上升，达到成长的目的。其次，要根据学生不同专业实施相适宜的教育教学。职业教育是面向特定行业培养特定职业所需人才的一种教育，实施的是专业教育。面对如此数量众多、特点不一、要求不同的专业教育，必然要求有与之相对应的教育方式和教学手段，如机械制造专业中的"钳工"操作，就需要在钳工台上反复操练才能制作出精致的器件。"我们每培养一名机械制造专业学生，花费的钢材就要达到一吨"就是一个生动的案例。园艺专业则需要到田间地头、花圃树林里培土栽培、修剪嫁接才能培植出香甜的果实和美丽的花朵。最后，则应着眼于促进学生的全面发展。职业教育是最能体现教育与生产劳动相结合原则的一类教育。以职业生活为中心来组织教育教学工作，不囿于课堂、书本，而是到实践中去体验实实在在的职业生活。既传授生产知识以发展学生的智力，又注重生产技能训练以增强学生的体力，并有效地将两者在实践环节中融合起来，形成学生的综合职业能力。这样既可以使职业教育获得科学实践的基础,使感性认识和理性认识、理论和实践结合起来,提高教育质量;又可以使生产劳动受到科学原理和智力活动的指导,广泛地运用教育和科技发展的成果,进而促进社会生产力的提高,推动社会物质生产的发展,并最终促进人的全面发展。

另一方面,"适合的职业教育"要符合学生个体独特性需求。首先,应最大限度地尊重学生个体的差异性。正如世界上没有完全相同的两片树叶一样,世界上也没有完全相同的两个人。每个学生都是一个独特的完整个体。这个独特性不仅表现在外貌特征上,而且反映在内在要素中。根据多元智能理论,每一个人都是具有多种智能组合的个体。在特定的个体中,有的智能表现得较为突出,有的表现得较为一般,由此形成了独特的生命体。此外,人的独特性还表现在天赋、兴趣、爱好、特长等方面,教育制度的设计必须充分考虑个性特征和需要的差异,根据他们各自不同的优势,因势利导,提供适合他们发展的方式,使每个人都能得到最适宜的发展,成为最好的自己。其次,应在教育实践中给予学生充分的自主选择权。其中最为关键的表征,就是职业学校的学生在关涉自己前途命运的入学、学习和发展上要有充分的选择权。因为有选择的教育才是理想教育的必要条件,而能够提供足够的选择机会则是有选择的教育的前提,这也正是"适合的职业教育"的题中应有之意。

三、创业教育

创业是现代化建设的立足点,培养具有创业、创新、创优精神的"三创"人才已经成为社会经济发展对职业教育的时代要求。

创业教育的思想发源于美国斯坦福大学,20世纪80年代以比尔·盖茨为代表的科技创新则进一步促进了创业教育的发展。创业教育是指充分挖掘学生潜能,以开发学生创业基本素质、培养学生创业综合能力为目标的教育,核心内容就是"要培养具有事业心和开创技能的人"。作为21世纪现代人的第三本教育护照,创业教育已经成为世界教育改革和发展的新趋势,并且已经延伸到职业教育和基础教育领域。党的十七大报告就把"提高自主创新能力,建设创业型国家"提升为提高综合国力的关键。

（一）创业教育的本质

职业学校开展创业教育、培养学生创业能力,是对学生职业发展能力的补充与提升。职业发展能力理论倾向于培养学生适应专业岗位的能力与岗位的迁移能力等方面,关注的是学生的可持续就业。显然,社会的不断发展要求我们的教育再也不能停滞在过往的窠臼中。联合国教科文组织在《关于高等教育的变革与发展的政策性文件》中就曾指出,在一个"学位＝工作"这一公式已不再适用的时代,人们希望高等教育培养的毕业生不仅是求职者,还应该是成功的企业家和工作岗位的创造者。这一目标对发展到今天的职业教育来说也应该适用。由此,我们应该把创业能力与专业能力、方法能力、社会能力并举,进一步优化学生的职业发展能力结构,培养出具有时代特征的创新、创业型人才。

创业是一种思考、推理和行动的方法。创业教育与传统教育最大的区别在于不仅仅向学生传授知识,而且要求着重培养学生的创业精神和创业技能。创业教育并不直接帮助学生去寻找工作岗位,而是重在教给学生寻找创造工作岗位的方法。所以,那种把成功的创业教育直接理解为"人人去创业"是片面的,也是不现实的。创业教育的出发点是培养学生的创业精神,提高学生的创业能力,激发学生的创业热情,为将来学生可能从事的创业活动做好准备,做到"人人能创业"。

(二) 创业教育的实践

对学生进行的创业教育应该立足校园开展各项创业教育与实践活动,在条件成熟的时候则可以走出学校,依托就业基地、学生创业园等从事创业活动。

一是开发创业项目课程。职业学校在创业项目课程开发过程中,要组织学生广泛收集创业信息,由学科带头人、专业教师、企业技术人员与学生共同建立创业项目开发团队。在创业项目课程实施过程中,要以培养学生创业能力为目标,多以实践活动的方式进行情境教学,提高学生参与学习、参与创业的积极性。

二是开展创业教育专题活动。如邀请创业成功人士来校做行业发展趋势、创业成功经验讲座,参观、访问企业或创业成功的校友等。通过专题活动,学生可以对自己所学专业的行业发展、就业与创业等有更加清晰的认识,切实提高职业道德与创业意识。

三是开设校园创业网点。让学生在学校进行一定的职业或创业锻炼是提升学生创业能力的重要途径。一种方法是通过竞标方式完全由学生自主策划、自主经营;另一种方法则是由专业名师挂牌指导、学生组成工作团队承接相应业务。同时,也可以充分发挥学校社团的优势,广泛开展创业实践活动。

四是组织参加各类创业、创新大赛。面向职业学校的各级各类大赛,集中体现了现代企业对人才的高标准要求,指引着职业教育向更高的培养目标迈进。积极组织学生参加创业、创新大赛,既可以使学校在更宏观的层面上把握教育教学与学生专业发展方向,有力推动课程改革,又可以让学生在更高的目标指引下掌握精湛的专业技能与职业素养,提高创新、创业的实践能力。

第三节　专业建设:数字化转型

党的二十大报告提出要"推进教育数字化"。智能化改造、数字化转型促进了产业经济的中高端发展,同时也催生出许多新的职业。职业教育的数字化变革,深刻影响着教育教学改革与创新,数字化教学资源、数字教材、虚拟仿真实训基地、虚拟教研室等应运而生,职业教育数字化转型步伐加快。

一、数字化的积极意义

(一)数字化催生新职业

随着我国人工智能、物联网、大数据和云计算的广泛运用,与此相关的数字技术、数字产业、数字经济成为我国经济高质量发展的新的增长点。数字化是指通过现代信息技术实现职业系统的硬件设备性能可靠和软件运作标准的统一。数字经济使传统职业的职业活动内容发生了根本性变革,从而衍生出前所未见的新职业。自 2019 年 4 月起,人力资源和社会保障部联合市场监管总局、国家统计局向社会发布了 4 个批次 56 个新职业信息。《中华人民共和国职业分类大典(2022 年版)》首次标注了 97 个数字职业,占职业总数的 6%,这些新职业大多是因应数字经济从业人员需求大幅增长、对接市场需求迫切的岗位而产生的。

(二)数字化推动职业教育教学改革

教育教学活动一般包含了教师的教学方法、知识、教学目的和师生关系等要素。在数字化的情境中,这些要素又有了新的技术与文化内涵。现代职业教育倡导一种平等的、动态的、开放的教育教学新生态,人们的思维过程与思维方式往往呈现出多点连接、立体化的网络结构,教师和学生可以突破时间和逻辑的线性轨迹,这都将引导教师在教学过程中以数字化的思维方式去反观教学、协调方式、优化结果。《教育部 2022 年工作要点》提出实施教育数字化战略行动,强化需求牵引,深化融合、创新赋能、应用驱动,积极发展"互联网＋教育",加快推进教育数字转型和智能升级。通过共享数字化教育教学资源,更易于实现教师和学生、学生和学生、教师和教师之间的教育合作与教学互动。

（三）职业教育数字化战略

数字化引发了职业学校教育教学观念、教育教学方法等一系列深层次的变革,也相应改变了职业教育教学中的师生关系,更为职业教育教学数字化转型提供了客观物质条件。比如,全新的交互式教育教学平台,相关技术和应用被整合集成到各种场景中,极大地突破了时间和空间的限制,丰富了教师教学和学生学习的场景和内涵。职业教育面向市场、面向实践、面向人人,推进职业教育数字化,必须抓准"应用"关键,以应用统领教育数字化各项工作,使其成为增强职业教育适应性的关键一招。利用数字化教学资源、数字教材、虚拟仿真实训基地、虚拟教研室等载体,使职业教育教与学从单一的认知走向以实践为基础复合培养,从对象性的主客体关系走向主体间性的意义关系,从而加强教与学互动,提升教与学活力,在应用和实践中助力受教育者知识建构与技能形成,推动教师素质内化与专业发展。

二、专业数字化建设存在的问题

一是新技术、新产业、新业态发展迅速,人才培养方案滞后。目前,职业教育的专业目录、人才培养方案、课程标准、实训条件建设标准等与我国经济转型、产业升级的适配度不高,与现代信息技术革命背景下快速多变的社会需求还存在着比较严重的脱节问题。受传统教学计划的影响,目前部分职业学校专业人才培养方案仍过于注重学生专业传统理论、技能的学习,而对学生的信息技术掌握与应用能力、职业素养的强化却重视不足,对 5G、人工智能、大数据、云计算、物联网等信息技术手段运用不足,课程体系与标准、教学组织形式等难以达到新产业、新技术、新业态、新职业下的岗位能力的要求。

二是教师、教材、教法改革数字化方面创新不足。职业学校师资队伍的数字化教学应用和研究能力不足,数字化课程资源开发能力不强,运用云平台、资源库等"互联网＋教学"积极性不高,数字化教学策略、教学组织与手段欠缺。很多教师成为课堂教学主体,没有有效利用信息化、数字化教学手段,导致课堂教学效率低,学生获取的信息有限,没有形成"时时可学、处处可学"的移动课堂。另外,目前大多数职业学校教师采用传统教材授课,数字化教材开发与应用不足。

三是数字化软硬件条件不足。部分专业的课程数字资源欠缺,微课、课堂教学视频、动画、虚拟交互等数字资源不足,数字化虚拟仿真基地数量不足,数字化实训项目开发不足,各院校单打独斗,没有建立有效共建、共管、共享机制,优质资源没有得到有效利用。

三、专业升级与数字化改造

（一）对接产业,提高职业教育专业结构与产业结构吻合度

在产业转型升级推动下,现阶段我国第一、二、三产业结构更趋合理,产业内部生产门类更加完善,呈现出鲜明的群链特征。现代职业教育专业建设应当顺应产业发展趋势,从单一专业设置向构建同一专业大类多种专业面向组合的现代化专业群转变,并根据区域产业发展水平和所处阶段逐步建设多职业应用型专业群,满足经济社会对复合型、创新型技术技能人才的需求。

（二）服务社会,深化职业教育专业建设与产业发展融合度

专业与产业的融合发展不只体现在合作的形式上,更体现于协同育人的全过程。人才培养方案、专业课程开发、教学组织与管理、师资队伍建设、专业基地建设及人才培养评价等各个环节都能彰显产教融合、校企双主体办学的澎湃动力,并以之为纽带建设成为发展命运共同体。

（三）优化方案,提高人才培养与产业需求的适应性

一是建立健全专业人才培养方案修订机制。建立由专业教师、行业企业专家组成的专业建设指导委员会,校企联合修订人才培养方案。实行例会制度,定期对专业人才培养方案进行修订,及时调研新技术、新业态、新职业的发展趋势,精准对接产业发展需求。明确专业定位,确定人才培养目标,将数字化素养、数字化技术能力、数字化职业能力及时融入人才培养全过程。另外,根据行业、企业需求和人才发展要求,引进第三方评价机构,以专业与相关产业契合度、毕业生企业满意度、人才培养质量的调查数据为依据,强化职业教育的"供给侧"改革,形成专业对产业发展的共享度,引领专业建设适应产业的发展,不断满足新技术、新产业、新业态的需求。

（四）建设课程,构建"数字化＋""＋数字化"课程体系

职业学校应以企业需求和服务社会为导向,建立多层次、宽领域的数字化课程体系,为学生提供学历教育和技能培训的数字化课程。建立课程体系重构

及修订机制，专业教师要定期走访、调研企业，及时了解专业数字化转型升级状况，了解行业企业新业态、新模式、新技术、新岗位对新时代技术技能人才的能力需求，按照教育教学规律和人才成长规律重构课程体系，及时更新课程内容，开设数字技术课程、数字化专业课程，并将数字化能力培养与专业教育有机融合。加大专业在线精品资源共享课程建设、国家教学资源库建设，打造"数字化＋教育"的能力进阶型课程体系，注重实现学生的全面发展。

四、答案永远在现场

培根在《新工具》一书中提出"知识就是力量"，他曾说，任何人有了科学知识，才可能驾驭自然、改造自然，没有知识是不可能有所作为的。随着我国产业迈向中高端，先进制造业、战略性新兴产业和现代服务业等领域高端化、数字化、智能化、绿色化程度不断提高，因此，面向这些领域的数字化、智能化职业场景存在技术技能人才紧缺的状况，迫切需要协调匹配教育供给与人才需求，加快培养更多适应新技术、新业态、新模式的高素质技术技能人才、能工巧匠、大国工匠。

现场就是工作第一线。新修订的《中华人民共和国职业教育法》第四条规定，"职业教育坚持面向实践、强化能力"。据媒体报道。2020年12月，华为技术有限公司创始人、董事、CEO任正非到访全国首座5G煤矿，前往31004综采工作面、9号煤中央配电室，实地观看5G技术在井下的现场应用情况。无论是任正非，还是稻盛和夫，都强调答案永远在现场。

德国戴姆勒·克莱斯勒公司里一台大型电机发生故障，几位工程师找不出毛病到底在哪儿，只得请来权威克莱姆·道尔顿。这位权威人士在现场看了一会儿，随手用粉笔在机器的一个部位画了个圆圈，表示问题就出在这里。一试，果然如此。在付报酬时，克莱姆·道尔顿开出的账单是1万美元。人们都认为要价太高了，因为他只画了一个圆圈呀。但是克莱姆·道尔顿在付款单上写道：画一个圆圈1美元，知道在哪里画圆圈值9999美元。

党的二十大提出，推进职普融通、产教融合、科教融汇。新修订的《中华人民共和国职业教育法》第三十条规定，国家推行中国特色学徒制，引导企业按照岗位总量的一定比例设立学徒岗位，鼓励和支持有技术技能人才培养能力的企业特别是产教融合型企业与职业学校、职业培训机构开展合作，对新招用职工、在岗职工和转岗职工进行学徒培训，或者与职业学校联合招收学生，以工学结合的方式进行学徒培养。通过遴选发布生产企业岗位需求，对接匹配职业教育资源,在实践中探索形成现场工程师培养标准,培养一大批具备工匠精神,精操作、懂工艺、会管理、擅协作、能创新的现场工程师。

第四节 教学支持:模式变革与学习保障

一、技术丰富的课堂

(一)个性化学习

个性化技术最强大的方面,就是使学生能够个性化地规划和推进他们自己的学习,每个学生都可以直接访问学习材料和在线资源,这些资源将被允许按照自己的进度学习并满足他们自己的理解需求。

作为一名教师,我们需要了解这些工具,并构建允许学生独立学习的活动。教师应该为学生做好可变节奏的准备,一些人快速完成学习,另一些人则需要长时间学习。所以,齐步走、一刀切的传统做法肯定不能再发挥作用了。

(二)小组工作和协作

虽然技术将个性化学习成为可能,但它将鼓励更多的小组学习。学生将在长时间运行的共享项目上进行协作,他们将使用他们的计算机和在线通信系统在大型项目上一起学习。

作为一名教师,我们需要在线、和/或面对面地鼓励积极的团队规范。教师还需要为这些较大规模的小组项目构建提示,以允许最终作品/产品的灵活性,但须具有明确的评估标准。教师成为协作工具或技术方面的专家并不重要,因为学习协作是学生参与在线小组活动的关键因素。

(三)形成性评估

在技术丰富的学习环境中,教师评估学生的方式会发生显著变化。借助Microsoft 或 Google 等在线通信系统,以及在技术丰富的课堂中学习管理系统的普及,学生们可以期待定期反馈他们的学习成绩。

首先,当学生在他们的计算机上学习时,教师将能够在课堂上提供实时反馈。教师可以通过在线发表评论或在教室旁听提供听觉反馈来做到这一点。接下来,教师将能够使用这些系统跟踪和标记更多学生的学习。在这里使用在线成绩簿是必不可少的,而且非常简单。最后,使用学习管理系统,教师能够为学生提供有关其在线学习的快照评估,同时还可以在学生通过单元学习时提供总结性反馈。例如，如果学生与教师共享文档，教师可以帮助学生在单元格的某些部分准备在线演示文稿。教师还可以通过学习管理系统访问教师科目的成绩表，从而分享学生在某一学科上的总体成绩。

（四）从房间后面教学

在技术丰富的课堂中，教师的时空使用方式与传统教室不同，其中的人会发现现在的房间已没有中心和焦点了。

在传统的教室里，学生大部分课堂时间专注于前面的白板和教师，而技术丰富的课堂里的学生往往会四处走动。教师仍可以使用白板进行教学指导，但是，教师的教授与解释会变得更少更短。教室中的各类教具、学具会定期移动，学生找到心仪的、安静的角落后在自己的计算机或者其他移动终端上学习。教师们会发现自己不再像过去那样，站在教室的前面，相反，教师可能会不自觉中时不时地站在学生的后面，看着他们的屏幕。

当然，在技术丰富的课堂中，教师究竟应该怎样工作，一个基本的核心和原则仍然是以学习者为中心。教师运用以学习者为中心的教学法，在优化了的学习空间（包括座位从排排坐改变为小组围坐）中，巧妙和恰当地使用教育科技，帮助学生自己学习、个性化学习，这才是教师在技术丰富的学习环境中工作的新范式。

二、新变化

（一）学习环境的变化

学校、家庭和社区是人工智能时代三种典型的学习环境场域，公共场所成为非正式学习、碎片化学习和隐性学习的地方。教室作为教育学概念，是学生个性成长和全面发展的"生命场域"，已经从有限场发展成为无限场、虚拟场。课堂是教育的主阵地，学生是其主人，桌椅亦不再是束缚，而是成为学生学习的自助设备。现代技术的影响则更为深刻，沉浸式的虚拟现实技术让学生更好地体验和感受，去看见不一样的世界。

（二）教育要素的变化

首先是教育对象的深刻变化，就是现在的学生基本上是"数字原住民"，对现代技术有着天然的敏感性，再沿用过去的教育内容、教育方式和教育模式已经行不通了，基于丰富技术的具身学习成为学生的普通诉求。其次是教学目标的变化，教学目标不再唯教师教会学生已知，而是要帮助学生构建新知，启发学生探究未知。最后是教学过程的变化,教学环节重新组序,教学过程则成为教师指导学生探究甚或师生合作探究的过程。归根到底,教育要素变化的原点在于教学由教师本位向学生本位的转变。

（三）教师立场的变化

在技术丰富的课堂中学习,教师不再是知识、技能的唯一拥有者,更不可能是教学资源的垄断者,而只能是学生学习的指导者、帮助者。人工智能代替了有标准答案的机械式、重复性劳动,教师则需要回归到教育教学的本真上来,传授更为复杂的知识和方法,引导学生学会综合性运用知识技能。教师还要注重以情感交流和切身体验作为基本的教育方式,培养学生积极情感。另外,教师要在教育教学中更加富有创造性和艺术性,成为学生最合适的对话者。

三、基于个性学习的新需求

所谓学习需求,是指在学习成长过程中学生主观上愿意且主观与客观上无差别并能直接获得的需要的总和。在技术丰富的课堂中,学生不断重新定义着自己的需求链,加剧凸显了学生学习需求的个性特质,对课程、技术及学习方式等提出了新的要求。

（一）学习课程的多样性

学习的个性化特征,必然要求学习课程的多样性,以满足不同学生的不同学习需求,或者是同一个学生不同方面的学习需求。学习课程的多样性,一方面表现在职业学校同一专业方向的课程门类多,学生可以根据自己生涯发展规划的目标合理选择适宜的课程进行学习,课程之间具有很强的替代性;另一方面则是指课程设置齐全,阶梯式课程体系完备,可以满足不同专业方向、不同专业背景的学生学习需求。另外,课程呈现方式的多样性,线上与线下的结合,AR、VR 的运用,也可以让学生根据自身学习习惯和学习技术运用的熟练程度自主选择学习课程。

（二）技术支持的可靠性

毫无疑问,学生在技术丰富的课堂学习中对现代学习技术的掌握不可或缺,这是提高学习效率的前提条件。只有学生充分认同技术,并在学习中自由地运用技术,学习效率的提高才存在可能性。同时,还有两个环节不容忽视,一个是技术运用于教师教学,就是教师对于现代教学技术掌握的熟练程度,能否满足学生及时获得学习帮助的需要,学生一旦获得这一满足,又会进一步增强学生对技术的信赖度;另一个是技术提升教学质量,众所周知,技术并不必然提升教学质量,但如果教师能够合理使用教学技术,则可以促进提升教学质量。在教育本质不变的前提下,学生通过技术支持,必然可以提高学习效率。

(三)同伴互助的即时性

现代学习基于强大的网络互联互通功能,是一种开放、共享的互助行为。学生既是学习资源的使用者和消费者,也是学习资源的开发者和生产者,彼此之间分享学习经验和学习成果。通常情况下,每一个学生按照学习习性和学习课程分别生活在相对固定的学习群落中,面对学习中遇到的问题和困难,能够在学习群落中得到及时的帮助,而每一个学生也乐意分享自己的学习成果,形成对其他学生的帮助。其中,同伴的"在线"与"在场"极大地支持了学生的个性化学习,这一"在线""在场"的状态又正是在具体的或虚拟仿真的学习情境中得到实现。

四、技术赋能

进入人工智能时代,现代技术在各个领域广泛、深入融合,人们的生产生活方式和思维方式都发生了深刻变化。中国职业技术教育学会会长、教育部原副部长鲁昕曾以《人工智能赋能新时代技术人才培养的战略思考》为题,指出要以全新的理念推进职业教育改革,全面对接科技发展趋势和市场需求,不断提高职业教育办学质量和社会效益。可以说,职业教育如何在技术赋能背景下实现创新发展,不断满足人民群众对优质职业教育的需求,已经成为新时期我国社会能否实现跨越式发展的一个重要命题。

"赋能",原本属于积极心理学的范畴,指的是通过改变外部环境给予他人积极的正能量,后来这一概念被延展到商业和管理学中。所谓技术赋能,大抵可以理解为通过现代技术进步来赋予社会、组织和个人某种能力和能量,反映在职业教育中,则是指现代技术在摒弃重复、低效劳动的同时,促使学习空间、学习方式、课程体系和组织管理的重构,解放教育者和受教育者,提升教学和学习效率。电脑和传播科技领域最具影响力的大师之一尼古拉斯·尼葛洛庞帝曾预言:"数字化生存天然具有赋权的本质,这一特质将引发积极的社会变迁。"通过技术赋能,必将带来职业教育资源形态、校园环境、学习方式、评价方式的变迁,并在诸多方面发生显著变化。

(一)学校管理思维的变化

当今社会,以电子商务、移动支付、共享单车和高速铁路"新四大发明"为代表,现代技术正以全新的方式颠覆传统的生产生活方式。阿里巴巴原执行副总裁曾鸣教授在《重新定义公司》一书的序中写道:"未来组织最重要的职能是赋能,而不再是管理或激励。"由此,职业教育的管理者再也不能沿用工业化时代的管控思维来管理学校了,必须发展出超越传统、与职业教育的赋能职能相匹配、与人工智能时代的精神相适应的全新管理方式。职业学校管理思维倾向于以开放共享为特征,以适应快速发展的产业为办学方向,以培养学习者适应"互联网+"、数字化工厂、智能制造等生产条件的社会适应能力为目标。同时,又要以激发广大教师的内生动力并在工作中持续为他们赋能为内部治理的重点。

(二)学习者学习方式的变革

建构主义者认为,现代技术赋能课堂教学,创生出智能教室、电子书包和智慧学习平台,可以进行更为高效的师生交流活动。美国视听教育家爱德加·戴尔的"经验之塔"理论也认为,现代技术如视听媒体的应用,可以比语言、视觉符号等更能为学习者提供具体和易于理解的经验,使学习者的学习更为具体,促进学习进步。现代技术创造了全新的普适性学习环境,学习者可以根据自身认知、情感和生理所处的发展阶段和水平,依靠沉浸式的虚拟现实技术,自由地选择学习时间和空间,从而将正式学习、非正式学习和远程学习整合在一起,实现个性化学习与社会化学习的统一。

(三)专业建设的融合发展

人工智能既是专业建设的新内容,也是职业教育改革创新的新工具,学习者既要为人工智能而学,又要用人工智能来学。一方面,新时代职业教育的秉性使之对产业发展具有了极高的敏锐度和极强的反应力,需要及时调整和优化专业结构,建立教育链、人才链对接产业链、创新链的学科体系,通过"产教科融合""校企科合作",培养数以千万计的适应人工智能发展、适应数字经济的各级各类人才;另一方面,现代职业教育又要依靠科技进步,利用现代技术,实现企业深度参与职业教育的专业规划、课程与资源开发、教学设计与组织实施等人才培养各个环节,驱动重构专业建设的现代化路径。

法国著名技术哲学家贝尔纳·斯蒂格勒指出,技术不再是从属于内在环境的一个子环境,它已成为以世界化技术为本的外在环境,而内在环境稀释于本质上技术化的外在环境之中。技术已然内化成为职业教育的一部分,融合于教与学以及管理的各个环节之中。教育有别于世俗生活,因为教育现代化并不仅是现代技术的使用与传递，更需要在技术赋能基础上培养学习者的情感、态度、价值观，而这正是人工智能时代的教育所需要警惕的。正如苹果公司首席执行官蒂姆·库克在一次演讲时所指出的，所担心的并不是人工智能能够像人一样思考，更担心的是人们像计算机一样思考，没有价值观，没有同情心，没有对结果的敬畏之心。职业教育要依靠现代技术推动理念更新、模式变革、体系重构，但也一定要避免"技术决定论""技术理性主义"，守住职业教育的底线。

五、质量保障

模式变革提高教学效率。马克思主义认为，科技进步是社会生产发展的主导或"第一"因素，充分认识科技革命及其作用是把握现代社会发展的钥匙。《国务院关于印发新一代人工智能发展规划的通知》（国发〔2017〕35号）指出，在移动互联网、大数据、超级计算、传感网、脑科学等新理论、新技术以及经济社会发展旺盛需求的共同驱动下，人工智能加速发展，呈现出深度学习、跨界融合、人机协同、群智开放、自主操控等新特征。这些新特征、新变化突出了人的主体地位，彰显了学习及学习技术的意义，深刻推动了职业教育教学变革，为提高教学效率创造了条件。

能力提升保障育人质量。第一，资源开发与建设能力升级是重点。教育技术的蓬勃发展为学生提供了便捷的、可选择的学习方式，学习与生产相融合、线上与线下相结合成为职业学校学生学习的新常态。基于智慧学习的课程资源开发就成为职业学校支持教育教学新生态演变的必要实践，进而为学生自主的选择性学习、教师帮助学生学习探究提供保障。第二，教师能力升级是关键。科技进步使人工智能以不可逆转的力量快速而深刻地改变着学习方式、教学方式、思维方式和解决问题的方式，教师教育技术的熟稔程度和水平、提供学生个性化学习的服务与管理能力、创设问题情境的能力，以及跨学科、多部门沟通与合作能力等是当代职业学校教师核心素养的重要方面。第三，实训基地建设能力升级是基础。现代化实训基地是反映前沿技术和技术进步的重要载体，是集产、学、研、赛、训于一体的生产性教学平台。建设现代化实训基地，应坚持校企共建原则，与现代化专业群相契合，充分满足学生参与学习和生产实践的需要。现代化实训基地在本质上还是开放共享的，能够面向区域开展社会培训、推广新技术、组织职业技能鉴定等活动，拓展职业教育服务功能。

第五节 治理能力:格局转变与效能发挥

教育治理现代化是国家治理现代化的基石,也是新时代实现教育现代化的重要保障。党的十九大报告中指出,必须坚持和完善中国特色社会主义制度,不断推进国家治理体系和治理能力现代化。《中共中央关于制定国民经济和社会发展第十四个五年规划和二〇三五年远景目标的建议》指出,到二〇三五年基本实现国家治理体系和治理能力现代化,人民平等参与、平等发展权利得到充分保障,基本建成法治国家、法治政府、法治社会。2019 年印发的《中国教育现代化 2035》将"推进教育治理体系和治理能力现代化"作为教育现代化的战略任务之一。一般而言,职业学校治理是指职业教育相关治理主体依据教育法律法规及学校制度安排,规范和运营学校治理共同体的管理活动及教师的教育教学,通过民主参与、协商对话的方式,形成各方利益平衡的和谐格局,集成多元社会主体的智慧和资源,共同实现职业教育的育人目标以及发展愿景的过程。

一、价值追求

立足职业教育发展的新阶段,面对职业教育发展的新要求,我们不能忽视学校治理的价值追求及价值对学校治理的引领作用。

(一)办好人民满意的职业教育

通过职业学校的现代治理,能够为每一个学生都提供公平而有质量的职业教育,把每一个学生都培养成为德智体美劳全面发展的社会主义建设者和接班人,最终办好人民满意的职业教育。党的十九大报告明确提出,要努力让每个孩子都享有公平而有质量的教育。所谓公平而有质量的教育,不仅意味着教育质量和学习质量成为教育公平内涵的应有之意,也意味着公平成为理解教育质量、评价教育质量的重要原则和维度。可以说,一所职业学校只考虑如何做和做什么是远远不够的,更需要深入思考什么样的职业教育才是公平而有质量的教育,什么样的学校才是人民满意的学校等。唯此,才可能最大限度避免治理乱象和方向迷失。

(二)多元主体

通过职业学校的现代治理,在多元社会主体教育参与和学校自主办学之间保持平衡。政府、行业组织、企业等多元社会主体参与职教办学和学校治理,有助于提高教育质量和教育公平、推进教育民主,尤其是企业被法定为职业教育的办学主体,理所当然应该深度参与到学校治理中来,这也成为当下职业教育现代化发展的普遍共识。问题在于,包括家长在内的多元社会主体的教育参与意识并不高,参与范围与参与层次低,参与能力不足,社会参与异化以及侵犯职业学校办学自主权和教师教学自主权等现象和行为屡见不鲜。这也就意味着,在当前职业学校的现代化治理中,我们不仅需要鼓励并保障家长、社区等多元社会主体积极参与学校治理,更需要从价值层面思考学校治理中为什么需要多元社会主体的参与? 这种参与是一种权利还是一种义务和责任? 依据什么来界定不同主体的责权利并使之得到平衡?

(三)技术支持

通过职业学校的现代治理,更好发挥信息技术对学校的介入和影响。人工智能、大数据、区块链等技术迅猛发展,不仅改变了教与学的方式,包括时空的延展,而且已经开始深入影响职业教育的办学理念、文化生态,并在一定程度上给学校治理带来了巨大的挑战。《教育信息化2.0行动计划》明确提出,到2022年,我国要基本实现"三全两高一大"的发展目标,即教学应用覆盖全体教师、学习应用覆盖全体适龄学生、数字校园建设覆盖全体学校,信息化应用水平和师生信息素养普遍提高,建成"互联网＋教育"大平台,以此探索信息时代教育治理新模式。这固然需要职业学校在治理中充分利用、运用和融合信息技术手段,全面提高师生与学校管理者的信息素养,但更需要从价值层面对信息技术、智能技术使用目的进行全面审视,也就是深入思考为何而做的问题。

二、格局之变

政府重视现代职业学校制度改革。早在2010年,《国家中长期教育改革与发展规划纲要(2010—2020年)》就明确提出要逐步建立现代学校制度,推进政校分开、管办评分离,不断扩大学校的办学自主权。2014年6月,国务院印发的《关于加快发展现代职业教育的决定》专门就"完善现代职业学校制度"做出详细阐述,这是我国政府从战略规划层面对现代职业学校制度建设提出的总体意见。2019年2月,国务院印发的《国家职业教育改革实施方案》明确指出,经过5~10年左右时间,职业教育基本完成由政府举办为主向政府统筹管理、社会多元办学的格局转变,由参照普通教育办学模式向企业社会参与、专业特色鲜明的类型教育转变。《中共中央关于坚持和完善中国特色社会主义制度 推进国家治理体系和治理能力现代化若干重大问题的决定》更是为职业学校建立现代治理体系、提升治理能力指明了方向,促使学校从管理走向治理成为必然。

依法办学奠定了职业学校高质量发展基石。2022 年新修订的《中华人民共和国职业教育法》(以下简称《职业教育法》)突出"职业学校应当依法办学"(第三十六条)这一价值底线,在"第四章 职业学校和职业培训机构"中专门对职业学校设立的基本条件、管理框架和运行机制等进行了明确,为职业学校高质量发展擘画了权威性的制度框架,从而为培养更多高素质技术技能人才奠定了基础。

《职业教育法》第三十五条规定,公办职业学校实行中国共产党职业学校基层组织领导的校长负责制,中国共产党职业学校基层组织按照中国共产党章程和有关规定,全面领导学校工作,支持校长独立负责地行使职权。中共中央办公厅印发的《关于建立中小学校党组织领导的校长负责制的意见(试行)》进一步对这一规定进行了诠释。这些规定和意见为坚持为党育人、为国育才使命,保证党的教育方针和党中央决策部署在职业学校得到贯彻落实提供了根本政治保障。这是解决新时代职业教育"谁来办"的问题。

《职业教育法》立足城乡融合发展新阶段,首提设立县域职业教育中心学校,并对其职能进行了明确(第二十二条)。同时,全文多条款对职业学校的功能进行了再明确。第三十三条新增课程体系、教育教学资源等作为职业学校设立的基本条件之一;第三十六条突出专业设置、专业课程教材、教学过程和学习制度等方面的管理自主权;第三十七条规定,在符合国家有关规定的前提下,相关专业实行中等、高等职业学校教育的贯通培养,进而构建起职业学校在新发展阶段的崭新赛道。这是解决了新时代职业教育"办什么"的问题。

《职业教育法》基于职业教育的类型定位,对职业学校高质量发展的关键领域予以了明确,从现代职教体系的纵向贯通、职业教育开放包容的横向融通、服务和融入现代化发展新格局的全面适应等方面提出了具体举措。同时强调要注重产教融合,实行校企合作,并在后续条款中对其实施明确了具体举措,为切实解决目前产教融合、校企合作的"两张皮"现象提供了法律保障,解决了新时代职业教育"怎么办"的问题。

三、效能发挥

(一)基于价值观的校园文化建设

职业学校应从落实立德树人根本任务出发,积极开展有效的价值观教育和校园文化建设,提高全体师生员工的公平意识、民主意识和法治意识,审视现有学校治理的价值立场,理顺学校内外部治理诸要素之间的关系,解决好学校治理中的价值观冲突。有调查表明,53.4%的受访教师认为"教育过程公平与教育效率无法兼得";30.2%的受访教师认为"教育过程公平会降低课堂教学质量"。这说明相当部分的职业学校和教师的教育公平意识不足。所以,职业学校有必要通过价值观教育和校园文化建设来转变教师和学校管理者的价值观念,使他们能够在课堂教学、班级管理、学生管理和学生评价中平等、民主地对待每一个学生,而不会让一些学生因家庭背景、经济条件、学习成绩等受到漠视和歧视,或者让部分学生成为学生群体中的"贵族阶层"。

(二)持续完善学校内部治理结构

现代职业学校制度是有关职业学校科学运行发展的一系列体制机制与规划制度,主要是为了协调职业学校办学运行及教育教学过程中各相关利益主体之间的关系而制定的一系列的规则体系。其功能在于划分并明晰政府与职业学校权责利关系的政策法规,职业学校自主运行发展的机制规则和校内的各种管理制度,以及针对职业教育的参与主体如政府、行业企业、职业学校、家长与学生在共同参与现代职业学校治理过程中所应该共同遵守的基本准则等。

学校依法制定章程,学校章程是职业学校现代化治理的起点,依照章程建立健全管理体系机制和形成高清晰度、高透明度的管理网络是实现最广泛参与的前提条件。建立校长行政分级议事决策制度、教学管理委员会和学术委员会,实现"专业人管专业事"。赋予教职工代表大会切实、充分的权力,能够在绩效考核、薪酬分配干部选拔、任用等学校重大问题的决策过程中拥有否决权,保障和提高了教师参与学校治理的积极性。成立学生申诉机构与家长委员会,落实各自职责,鼓励其对学校问题与发展事宜发声,增强了学生和家长对学校的主体意识,进而使学校掌握了长远发展所需要的最重要资源——学生和校友。学校督导室进行行政督导与教学督导,使学校管理层的权力运行与教师履职得到全体师生的监督。通过多元社会主体参与职业学校的办学和教育教学实践,形成了学校、政府、企业与行业组织、社区、行政管理者、教师、学生、家长等共同治理,保证了各参与社会主体之间的关系均衡与可持续发展。

(三)有序推进多元社会主体参与

美国教育家杜威曾指出,我们应当严肃地、认真地、大力地利用民主的学校与学校中民主方法,并应在自由精神中教育国家的少年和青年去参与一个自由的社会。并采取步骤,使学校成为标准自由人明智地参与自由社会的更完善的工具。应该说,一个以专制、刚性、强调统一和模式化为特征的学校教育环境是不可能培养出具有民主精神的学生来的。因此,现代职业学校应该通过内部治理结构、治理制度和决策机制的设计和完善,切实保障学生参与教育教学活动、学校决策、班级管理活动的权利,帮助学生理解民主参与的价值,培养学生民主参与的意识和能力。

特别需要重视的是,职业学校与企业、家庭、社区以及行业组织等建立平等的伙伴关系并有科学的广泛参与的通道至关重要。现代职业学校不仅需要转变自身的管理理念和决策方式,形成有助于企业、家庭、社区、行业组织参与的学校决策机制,以更加开放、包容的心态实施民主政策。同时,还需要明确包括学校、家庭、企业在内的各社会参与主体的角色定位和权责,清晰界定各自工作领域的边界。

另外,现代学校治理实践证明,多元社会主体参与学校治理所带来的并不一定都是积极的作用,也会在一定条件下带来消极影响。比如,由于多元社会主体的代表性缺失而出现利益集团操纵决策,进而使大多数学生和家长利益受损;又如,多元社会主体的参与过度,导致出现学校办学自主权和教师教学自主权被人为干涉。这些消极影响和作用是需要避免的。

【实践3】接力区:加速推进高质量发展的实践探索

在体育中,接力跑是较为常见的一个运动项目。有一种说法认为接力跑起源于非洲人接力运送木材。非洲人在森林里砍伐木材,由于道路崎岖,往外运送困难,便在经验累积中逐渐采用了多个人接力的运送办法,这样就克服了一个人在长途木材运送中体力难支、效率低下的问题,有时候还会分组进行运送木材的比赛,看哪一组的人搬得快、运得多。接力区则是田径赛场上接力跑比赛中的一个概念,是在赛跑过程中设置的接力棒交接区域,前后衔接配合,能够形成一个加速度，产生"1＋1＞2"的效果。接力区理念在生产生活中随处可见，比如装配工厂里的流水线、教育中的家校配合……

习近平总书记强调，在全面建设社会主义现代化国家新征程中，职业教育前途广阔、大有可为。党的二十大报告提出要"办好人民满意的教育"。对于职业教育高质量发展来说，归根到底就是要发展适应新技术和产业变革需要的职业教育，即增强职业教育适应性，关键就是职业学校要立足新阶段，贯彻新理念，与时俱进推动实践创新，以适应社会的发展、产业的发展和人的发展。高质量发展新征程犹如逆水行舟，不进则退，小进也是退。借鉴接力区的理念隐喻，用学术思维引领任务思维，系统化催生学校事业发展的加速度，也是学校执着于高质量发展和发展适应性的具体体现。

一、营造"合"氛围，合力"接续跑"

和谐而友好的氛围是运动员创造运动佳绩的条件之一。接力跑既要靠每一个跑者的相互配合，以己之长补他人之短，最终成就集体的荣耀；也要有赛场外热情的"啦啦队"为其摇旗呐喊，激荡起跑者的信心和勇气。2022年全国教育工作会议强调必须跳出教育看教育、立足全局看教育、放眼长远看教育。职业学校发展的客观规律，如同接力跑的赛场，既离不开学校内部的和美共生，也离不开与外部世界的同频共振。

在内部，江苏省通州中等专业学校秉持近代先贤张謇先生"学必期于用、用必适于地"的职业教育思想，接续办学历程中不断累积的优良传统，把"靠落后生起家""靠敬业发展""靠争先飞跃"的实践真知升华为"通专人"的一种信仰，以滋养在内卷中渐趋躺平的所有倦怠。在此基础上，学校创新打造生命生长、师生共长的校园"合"文化，形成了追求德技合一、身心合一、天人合一、知行合一的浓郁氛围，为合力接续跑奠定了基础。

在外部，学校密切与政府、行业、企业的联系，把产教融合、校企合作作为学校转型发展的基本动能。一方面，推动产业（企业）学院建设，与富士康科技集团、江苏达海国际建设工程有限公司等知名企业合作，先后建立南通富士康智能制造学院、通州四海学院、深南电路企业学院，加速办学模式变革；另一方面，在推动专业课教师带着任务进企业实践锻炼的同时，坚持把20％的课时"让"给行业、企业专家，由他们走进课堂，把最新的生产管理理念、产品与服务质量标准等直接传递给学生，双向互动、资源共建共享，加速更新专业知识技能，提升学生的职业适应力。

二、锚定新赛道,奋力"途中跑"

对准赛道、不偏离赛道,这是接力跑最基本的要求,也是校际竞争的共同语境。职业教育进入发展新阶段,每个学校都在审时度势,都在"类型"发展的顺势而为中寻找着属于自己的新赛道。如何在日益激烈的竞争中突出重围,需要的是"通专人"的智慧和胆略。

在"十四五"事业发展规划中,学校几经调研论证,提出了"以五年制高职为主体,三年制中专为补充,多种办学形式并存"的办学目标,力争在地方政府支持下建成独立设置的五年制高职院校,逐步走上职教办学和学生成长"高级化"的新赛道。

专业建设始终是职业学校竞相发展的主战场,失去了专业建设的内涵和特色,也就失去了职业学校的竞争力,甚至是生命力。学校对接地方产业发展需求,根据南通市通州区"十四五"时期"3+2+1"产业规划目标,通过校企共建、以"老"振"新"等办法,升级构建"3+1"现代化专业群,做强装备制造专业群、做大土木建筑专业群、做优现代家纺专业群,同时建设现代服务专业群。学校还改变传统专业建设"大而全"的做法,转而向"专、精、特"转变,缩减专业布点,专业布点数从 2019 年的 32 个、2020 年的 30 个,再到 2021 年的 27 个,淘汰了一批老旧专业,新增了工业机器人技术应用、轨道交通运营管理等专业,加速满足产业发展对新兴专业技术技能人才的需求。

育训并举是职业学校的法定职责,而办学功能的优化与完善就成为职业学校角力的另一个赛道。《国家职业教育改革实施方案》明确职业学校和企业可以在"人才培养、技术创新、就业创业、社会服务、文化传承等"领域开展合作。学校以服务社会为宗旨,优化职教供给,鲜明地提出了建设集职业教育、社会培训、技术服务、非遗传承、职业体验和社区教育于一体的功能综合体。承担学历提升,主要面向企事业单位开展学历教育,目前本专科学历在籍生 1 000 余人;举办社会培训,与人社等部门合作承担企业新型学徒培训、退役士兵适应性培训、食堂从业人员资格培训、中式面点师职业技能提升等,年培训 4 500 余人次,持续提升社会服务贡献度。

三、聚力新作为,全力"冲刺跑"

起跑即冲刺,这是接力跑的一个显著特征,基本要义则是承前启后的"势能"转换与无缝衔接。这对于职业学校来说,就是要摒弃"歇歇脚、喘喘气"的想法，紧跟高质量发展新态势，乘势而上，敢于改革创新，不断开辟职业教育高质量发展的新天地。

落实"六个一"计划，加速学生高质量成长。学校结合思政课程中的生涯教育内容，帮助每一个学生制订了一份个性化的成长方案；养成了以"八礼四仪"为核心价值观的一系列良好行为习惯；通过公共选修课程培养了一个以上的良好的爱好；每一个学生都参加至少一次学校技能大赛，让尽可能多的学生能够在通专大舞台上参加一次展演活动；每一个学生均参加一项劳动实践和社会志愿服务活动；以"做人教育"德育品牌为引领，形成了各具特色的诚信教育、至善教育、成功教育等"一系一品一特"养成教育品牌群，学生生命生长得到充分淬炼。

坚持"三教"改革，厚植职教办学内生动力。打造"双师型"高素质教师队伍，组织全体教师开展"回答通州中专'四问'"大讨论活动，牢固树立争做"四有好老师"的职业理想，建成南通市"四有好老师"团队；出台《学校教师教学创新团队培育方案》，培育省教师教学创新团队、省名师工作室。推进融合教学改革，在机电专业深入实施，以点带面，辐射建筑、信息等多个专业；开发、完善情操陶冶、文化传承等六大类80余门公共选修课程和活页式教材，融合教学改革成果在"融合·共生"长三角职业教育古沙论坛上广受好评，并分获江苏省教学成果奖一、二等奖。开展生存、生活和生长的"三生"劳动教育，开发新劳动教育课程，建设劳动基地，编写劳动教育活页教材8本，形成了丰富的劳动教育物化成果，并在南通市劳动教育现场会上向全市推介。

服务乡村振兴，突出县域职业教育特色。学校坚持巩固职教富民成果，深入挖掘优势专业资源，以社区学院为依托，面向美好乡村建设，建立乡村振兴实践试点基地，开发特色服务项目，开展"职教服务乡村振兴行"活动，举办乡村振兴人才培养培训和技术推广活动，着力培育农业经营主体，服务乡村特色产业发展。

在"通专人"的接力奋斗中，人才培养质量不断提高，办学适应性显著增强。"十三五"时期，学校建成省高水平现代化职业学校、省现代化示范性职业学校，2020年成功入围50所江苏省中等职业学校领航计划建设单位，现有省现代化专业群6个，省现代化实训基地4个。近三年，学校中高职直接就业毕业生初次就业率达100%，本地就业率保持在90%以上，对口就业率达96%，服务地方产业发展贡献度、社会满意度持续攀升。

学校始终坚信"教会一个学生，就能改变一个家庭；办好一个专业，就能振兴一个产业"。"通专人"赓续传承、担当作为,主动适应和融入新发展格局,正在"适合的教育"这一赛道上加速崛起、接力奔跑,努力实现高质量领航发展。

第四章 超越：职业学校发展的基本状态和应然表达

  我国改革开放的大门越开越大，经济全球化背景下互联互通日益紧迫，这种紧迫感传递到职业教育领域，就要求现代职业学校以更加宏伟的视角审视发展新态势。职业学校只有以服务为宗旨，拓宽办学视野，培育创新能力，才可能在发展中超越、在超越中发展。

  超越需要勇气，需要拼劲，更需要理性。现代职业教育应基于竞争常态化的基本判断，用文化提升境界，在拓宽视野、服务经济、创新引领中发力，促进学生全面协调发展。当超越成为现代职业教育的基本状态和应然表达时，现代职业教育也就真正超越成为一种类型教育，高吸引力、高美誉度和高幸福度的职业教育自然会面貌一新。

第一节 竞争与超越：现代职业学校的基本状态

  超越在马克思主义哲学范畴中已经不再以事物对自我的否定和幻化为代价，而是强调在自我实现、自我创造的发展道路上获得新动能、取得新进展。今天，充分竞争背景下的"比学赶超"已经是社会各领域的新常态，而"超越"自然也就成为职业教育现代化发展的基本状态，亦是高质量发展的应然表达。

一、超越是现代职业教育的基本状态

  区域间经济社会发展的竞争状态必然影响到职业教育领域。经济社会与职业教育二者的纽带与联结点就在于人才的需求与供给。人是生产要素中最基本、最活跃、最具有潜力和决定性的因素，技术技能人才处于人类社会劳动链环的终端，是区域经济发展的最直接又最积极的因素，培养源源不断的高素质技术技能人才可以为区域经济社会发展取得竞争优势提供坚实的人力资源保障和智力支持。同时，产业的转型升级进一步要求技术技能人才

具有更为宽泛的专业基础和更具深度的专业技能,综合运用知识技能解决实际问题能力、优化工艺流程创新能力等核心素养更加完备。这对职业教育发展提出了新的课题,谁能够在时间上缩短人才培养与使用对接的时间,谁能够在人才培养的效率和质量上获得新突破,谁就可以抢占高质量发展先机,进而在职业教育现代化发展乃至区域经济社会发展中占领制高点,实现超越式领航发展。

超越是充分竞争状态下职业教育高质量发展的应然表达。如果说竞争是发展的路径与方法的话,那么超越就是发展的一个必然结果,是新时期经济社会发展对发展高质量的另一种表达。竞争从区域经济社会延伸到职业教育甚至职业学校,归根到底就是人才培养质量的竞争,而超越所要表达的基本内容之一就在于人才培养的高质量。近年来,为了提高职业教育人才培养质量,国家明确了职业教育是类型教育这一法定职责,出台一系列职业教育改革举措,引导各地职业学校在育人理念、专业建设、教学支持和治理体系等方面不断升级、不断超越。

二、职业学校竞争力的特点

教育经济学家舒尔茨认为,学校可以视为专门生产学历的厂家,教育机械(包括各类学校在内)可以视为一种工业部门。国内学者关于教育竞争力的研究也颇有见地,认为教育竞争力既有技术、制度等内容,更有效益的内容。学校可以更好地传承、内化、加工、创造、应用知识,提高教育质量,提高办学效益,扩大影响力和贡献率。学生能成为知识丰富、情操高尚、人格健全、能力出众的人才;在学习中发展,在发展中成功,在成功中完善。也有学者提出了反映教育竞争力的四个综合性指标,即教育投入、教育规模、教育效率和教育产出。细细探究这些竞争力指标,不难发现一些共性的特点:

一是相对性。无论是古典学派经济理论的代表人物亚当·斯密提出的"绝对优势理论",还是大卫·李嘉图提出的"比较优势理论",都至少说明任何一所职业学校在一定程度上都可以找到进行竞争力比较的方向,而不同类型的职业学校有必要进行合理分工。因此,职业学校竞争力是相对于其他学校而言的,说明一所或一个区域职业教育的资源、能力和管理等某个方面具有优势或弱势。因此,相对性是职业学校竞争力的首要特性。

二是关联性。职业学校竞争力不是孤立存在的,而是教育竞争力的一个特殊部分和突出环节。同时,职业学校竞争力自身也是多种要素的有机结合,因而关联性应是其一个基本特性。这从国内外学者对教育竞争力的不同理解上可以得到充分佐证。

三是发展性。在经济发展以及产业、教育结构调整的不同阶段，构成职业学校竞争力的因素是不同的。过去曾经影响职业学校竞争力的因素，随着生产力的提高、产业结构、教育结构的变化，就可能不再是构成职业学校竞争力的关键要素。同时，原来某一职业学校竞争力上具有弱势的方面也可能随着发展而成为优势。因而，发展性也是职业学校竞争力的一个基本特性。

四是独有性。瑞典经济学家赫克歇尔和其学生俄林提出的资源禀赋理论认为，在各国生产同一产品的技术水平相同的情况下，两国生产同一种产品的价格差来自产品的成本差别，成本差别又来自生产过程中所使用的生产要素的价格差别，而生产要素的价格差别则决定于该国各种生产要素的相对丰裕程度。因此，一所学校应突出本校最丰裕的办学基础要素。也就是说，构成职业学校竞争力的要素应该是一个地区职业教育所独有的，也就是说在职业学校某一领域中相对竞争对手能够创造较大和（或）持续的竞争优势。

五是持续性。诺贝尔经济学奖得主道格拉斯·诺思所提出的制度变迁理论认为，制度构造了人们在政治、社会或经济方面发生交换的激励结构，制度变迁则决定了社会演进的方式，因而是理解历史变迁的关键。构成职业学校竞争力的要素不是偶然的机遇带来的，而是一所学校经过长期和累积所形成的，在一定时期内相对稳定，能够带来持续的竞争优势。当然，持续性不是永恒不变的，随着外在社会生产力与经济的发展，职业学校竞争力的影响要素的相对稀缺性和在其中的地位也会发生变化，相应地，职业学校竞争力也会发生变化。

三、竞争与可超越的领域

（一）结构规模的竞争与超越

合理的结构规模是职业学校规模发展的基础，与政治经济发展息息相关。优化学校结构规模就是在充分利用职业教育资源的前提下，发挥教育对经济的作用，根据当地经济发展状况，建立适应当地经济发展的规模。其主要目的是保持职普招生规模大体相当，通过合理的结构规模来优化市场要素结构和市场机制结构，进而创造人才红利。其基本意义在于可以健全优化现代职业教育体系。

需要澄清的是,职业教育或者职业学校的办学规模并不是越大越好。一方面,职业学校在保证其质量的前提下,可以通过扩大招生数来降低平均成本,从而提高职业学校的规模效益。另一方面,职业教育经济规模的优势是相对的,超出界限的规模会使经济规模下降,不适中的规模会降低学校的竞争力,只有适当规模的学校才能获得较好的职业教育经济规模,规模过小或过大都会影响资源的使用率。

（二）质量的竞争与超越

职业学校质量改革是提高其综合实力和竞争力的核心之举,在日益激烈的竞争环境中,教育质量对于职业学校的发展起着越来越重要的作用。2019 年 1 月,国务院印发《国家职业教育改革实施方案》,其中针对职业教育的质量重点提出,加强职业教育办学督导评价,建立职业教育质量评价体系,并以学生的职业道德、技术水平及就业质量、产教融合、校企合作水平为核心。总的来说,职业学校的教育质量就在于以"职业"为中心,更注重培养符合区域经济发展所需要的技术技能人才。而职业学校的质量竞争力就是指比竞争对手更具卓越质量的核心能力,通过综合运用学校的独特能力和质量理念,建立和完善学校质量管理体系以使学校的人、财、物资源得到全局性的考虑和整合。

职业学校内适质量观。质量文化是职业学校在人才培养、社会评价、师生生活、校园环境、管理服务、教学科研、专业结构等方面质量管理上的凝结,是职业学校精神和物质文化、制度文化、行为文化等的综合表现。职业学校的质量治理应该以质量标准和质量目标作为行动导向,充分发挥学校的教育功能,突出以共治为基点的共赢,学生、家长、学校、社区、行业企业、科研机构、境外资源等多元社会主体能够积极参与并且有效回应的过程。

职业学校外适质量观。有国内学者提出了学生成长及就业、国际影响及辐射、社会服务贡献、发展环境、学校办学实力在内的"五维质量观",体现职业学校质量的层次性、递进性、社会性和可持续性。同时兼顾主客体的期许,主观上职业学校自身在办学中体现出的特质能够符合人们内心的期待,符合所秉持的"审美标准";客观上职业学校所培养的人以及实施过程、影响都是其生产的"产品",产品质量好坏要投入社会、服务社会看其是否符合社会的需要和个体的需求。

（三）保障的竞争与超越

职业学校保障竞争力是衡量一所学校的实力以及可持续发展必不可少的

一个条件。职业学校的保障竞争力不仅与学校特有的资源、采取的政策有关，更是与学校在人才培养、专业设置的方向性以及教学资源的开发、师资力量的培养与维护方面密不可分。同时，职业学校作为培养社会所需的技术技能人才的摇篮，不仅要注重校内教学，更要注重校外与企业的合作，因此保障竞争力需要从多维度衡量。

教师队伍建设是职业学校发展的关键因素和必要前提，教师的业务素质和能力是影响职业教育质量的关键。加强对职业学校教师能力的培养和评估，促进教师业务能力的提升，是保障职业学校教学质量的有效手段。第一，应保证职业学校教师的数量与学校发展规模相匹配，通过招聘专任教师、培养"双师型"教师以及聘任兼职教师以保障师资数量。第二，随着教育现代化发展，职业学校师资队伍建设也应由规模扩张转向质量提升，应树立正确的教育观念，打造一批职业教育领军人才和优秀青年教师，提高教师专业、学术和技术能力。第三，应把职业学校专业教师下企业锻炼制度落到实处，通过校企合作，在企业建立一批专业教师实践基地，提高教师技术应用能力和实践能力。

实践平台建设。实践教学是职业技能和职业素质培养最重要的环节，而实训基地则是职业教育中对学生实施职业技能训练和职业素质培养的必备条件，也是职业教育办出特色、提高质量的基础性建设。一是进一步完善实训基地功能，使之建设成为专业知识的实践基地、职业技能的培训基地、科学技术成果转化的开发基地、应用课题的研究基地等，体现出教学与生产相结合的特点。二是优化实训基地建设模式，在校内实训基地建设、校外实训基地建设以及公共实训基地建设中，我们可以借鉴德国的"双元制"模式、美国的"合作型"初衷模式、英国的"三明治"合作教育模式、澳大利亚的 TAFE 模式等。

经费保障。经费保障是职业学校发展的前提和物质基础。当前，职业学校的经费投入短缺、经费来源单一、基建经费投入比例大、财政体制规划不合理、经费的使用效益不高等问题较为突出。解决经费短缺问题的关键在于丰富经费投入主体，比如行业企业参与办学，利用企业资金优势试行混合所有制办学改革，加大公共财政投入比例等。

另外，职业学校治理体系和治理能力的专业化、现代化同样成为高质量发展的重要保障。

第二节　境界:重构校园文化

一、校园文化

文化是一个国家、一个民族的精神核心,是国家和民族向心力、凝聚力的支撑点。校园文化是指学校全体师生员工在长期创办、改革与发展的过程中逐渐形成、培育、积累的具有稳定性、凝聚性和独特性的思想观念和行为方式,是一所学校文化思想、价值观念、审美情趣等的集中体现,决定着学校文化品位和价值取向,包含校园物质文化、校园文化活动、校园精神文化等多个层面,具有丰富的发展形态。作为类型教育,职业教育有着不同于普通教育的文化架构和内在诉求。一般来说,职业学校的校园文化是指一所职业学校的全体师生员工和其他多元社会主体参与者在长期办学实践以及工作、学习、生活过程中形成的稳定的、共享的思想观念和行为规范,体现着职业学校特有的为社会经济发展服务的职业特色,与企业文化互动共融,并为职业学校发展的生命力、吸引力和创造力提供给养。

梳理脉络,增强文化的根植力。文化是一张名片,印有历史的烙印和发展痕迹。我国许多职业学校是在 20 世纪 80 年代时拆并或新建发展起来的,学校物质文化、精神文化和制度文化等都或多或少烙有普通教育的印记,时至今日,职业教育作为类型教育的文化特征仍不显著。各职业学校要将学校作为一个独立的生命体,把所有的人、财、物和精力都投入到学校发展中来。前提是要尊重学校发展历史,梳理学校发展脉络,寻找文化基因,明晰文化与时代要求的契合点。关键是要与时俱进,在传承中发展,凝练新时代学校文化内核,重构学校文化架构,切实增强学校文化的根植力,提高学校文化的辨识度和认同感。

以人为本,汇集文化的凝聚力。文化世界是一个以人为本体的世界,学校文化建设的核心是人和人的思想认识,也就是学校师生的思想认知。在建设学校文化时,职业学校应当坚持以人为本原则,建立学校文化建设的征询机制,全体师生共同参与,充分反映不同群体对于学校文化的体认水平和各自的文化诉求。学校师生既是学校文化的建设者,也是学校文化的受益者,其积极参与必将彰显文化的凝聚力,汇聚起高质量发展的民心民力。

落地教育,培育文化的创造力。文化具有独特的意识形态属性和功能,还有着巨大的创造力。职业学校在构建学校文化时，要充分考虑自身独特的发展愿景和环境因素，因地制宜统筹好物质、精神与制度的协同发展，确保学校文化建设落地生根，形成强大的文化创造力，以文化推动、引领学校创新发展。

二、校企文化的对接

当前，我国职业学校在校园文化建设中存在着一个普遍问题，就是封闭办学，脱离市场主体，忽视校园文化与企业文化的有机结合，与特色鲜明的现代工业文化和先进企业文化相比，职业学校的校园文化建设明显滞后。这就需要加强校企文化的对接，深入构建企业生产、管理、服务场景，进而培养与提升学生职业发展能力，为学生顺利就业及未来的职业发展奠定基础。

（一）校企文化的差异及其影响

学校以育人为根本，企业则是以生产合格产品或提供某种服务为宗旨，但职业学校以直接培养企业生产活动所需要的员工为目标，从而把学校与企业联系在一起，只是这种联系还略显生硬，凸显出职业教育与企业管理之间存在的诸多差异。

在价值目标上，学校关注人的发展，企业则关注物的生利。职业学校追求学生全面发展，承担着培养学生专业技能、提高学生职业发展能力的职责；企业关心但并不专注于员工的自身发展，其生产管理行为都是为了产品或服务所能产生的利润而展开的。

在管理机制上，学校开展以人为本的文化管理，注重人文关怀，企业则关注标准化的制度、责任与目标管理。在学生的错误面前，教师以理服人，春风化雨，润物无声；企业管理中却有种种可视的标准，往往以制度来管理人、约束人，人与制度是一种刚性的触碰与责任的担当，没有容错的余地。

在内部关系上，学校是多向的教学关系，企业则是相对简单的雇佣关系。教师和学生，平等共生，多的是一份教师对学生成长的无私关切与呵护；雇主和雇员，更多的是付出与获取之间的关系，各自关注着自身利益的最大化。

在质量评价上，学校重结果，但更强调过程；企业则重结果，少关注过程。学校教育因个性有别而除却了同质教育的意义，进而突出了个体自我的成长过程；企业生产的过程管理固然重要，但利润的最终生成被看成企业生存与发展的硬道理。

职业教育与企业管理之间的差异，对刚刚走上工作岗位的职业院校毕业生影响尤甚,学校教育培养与企业生产管理的种种不协调在岗位生产中表现得十分明显。

一是学生个性与岗位管理的不协调。较之学校,企业的管理更倾向于命令与服从,很多时候是无条件、无须理解的,这对于现今追求个性的学生来说是难以接受的,况且,更多学生的生活还在依赖着父母,自己也尚未将职业作为谋生的真正手段,学生与职业相互依存的纽带也没有完全建立起来,这就很容易导致学生因不适应岗位生产管理而暂时放弃职业生活。

二是学习评价与职业标准的不协调。企业视质量如生命,产品除了合格就是不合格,不会出现职业学校专业实习时借以鼓励的诸如"基本合格"之类的评价,标准的尖锐性与企业追逐的利润最大化一下子改变了学生固有的心理机制,人与人在学习上的单一比较转化成为产品之间、服务之间的对决,缺乏强烈职业意识的学生自然会在短时间内无所适从。

（二）校企文化的共性特征

学校,以文化教育人;企业,以文化管理人。文化之于人,其意义就在于"以文化人",通过一定的教育与管理,使人得到成长与进步。从这个意义出发,学校文化与企业文化必然存在着一些共性特征。

1. 以人为本,关注个体发展

企业的成功往往表现为一项顶级策划的形成、一个知名品牌的产生等,成功的背后凝结的是每一个企业员工的智慧。人是企业成功的决定因素,员工素质的高低成为每个企业成败的关键。不难发现,许多著名企业往往把员工的个体发展放在了企业发展的首位,有的甚至提出了"员工第一"的发展理念,而这正符合以人为本的现代教育理念。在职业教育中,学生个体的全面发展是教育的核心。通过在学校学习,学生可以提高道德修养、文化知识及专业技能水平;通过在企业工作,员工可以拥有自己的事业,取得进步。

2. 重视人际关系的和谐,追求团结与协作

自从世界上第一条企业生产流水线投入运行以来,社会生产效率显著提高。有着严密分工的生产流程背后折射出的正是人与人密切合作的不断深化,集体主义、团队意识正成为企业追逐的管理理念,也是企业对员工的一个重要培养目标。学生往往以集体的一员参与小组、班级、学校等的活动,其集体观念、协作精神也正随着教育理念的深化而不断凸显。在项目教学以及相关研究性学习中,这些团结协作的观念得到了进一步张扬。人是社会的人,无论是在

学校还是在企业,人都始终生活在与他人密切联系的群体中,而与他人相处的方式、方法自然成为人生成功的重要砝码。

3. 尊崇纪律与章程,讲究效率优先

严格的规章制度是企业生存、发展的有力保证。企业往往视员工违反规章制度为大忌,轻则与员工经济利益挂钩,重则辞退员工。在学校,校规校纪是对学生的一种约束,一种规范,遵规守纪成为优秀学生的共同标志,也是学生学业有成的保证。严格的纪律与章程既是对人发展的规范与提高,更是取得良好效益与成绩的前提。企业需要保证生产效率,提高产品质量;学生需要养成良好的学习习惯,提高学习成绩。

企业之于员工,与学校之于学生的许多相同点,正是职业学校校园文化建设的突破口,职业学校可以有针对性地解决学生的企业岗位适应与发展问题,培养学生的职业发展能力。

(三)校企文化共建

校企文化融合的意义为职业学校的校园文化建设指明了方向。职业学校就是要围绕为社会经济发展提供适应企业生产需求并有可能引领现代企业文化发展方向的优秀专业人才创设新型教育环境,开展教育实践活动。

1. 在校园里营造浓郁的企业文化氛围

职业学校进行企业文化建设,首先就要敢于在学校硬环境建设中突破与创新,大力营造浓郁的企业文化氛围。

一方面,建立现代企业生产"场景式"实训中心。职业学校可以借鉴国外职业培训的先进经验,加大实习训练投入,建立起与企业生产接轨的高标准、多功能实训中心,尤其是实训模式应充分结合企业生产实际,实习流程应与企业生产流程保持一致。高质量的实习训练有助于学生专业技能的提高,与企业接轨的工艺流程与实训模式将是职业院校毕业生快速适应就业岗位的前提与保证。

另一方面,精心构建新型校园文化。职业学校要科学展示企业文化,让学生置身于浓郁的企业文化氛围中,潜移默化地感受企业文化的无穷魅力。展示企业文化的形式多种多样,大至整个校园的环境布置,如建造机械主题公园,建立学生产品展示厅,制作著名企业领导人寄语标牌等;小至各个教室的班容班貌建设,如悬挂知名企业的管理理念、岗位目标等。企业文化与校园文化的融合,有利于学生对企业认识的不断深化,促使学生形成企业生产理念。

2. 在管理上推行严格的企业管理模式

建立班级公司制管理模式。在班级公司制管理模式中,班级成为一个与本专业相关联的模拟公司,班主任则成为董事长或名誉董事长,负责"公司"的决策管理。班级公司制管理的显著特点就是班级公司化,努力让学生以一定的职业角色来全面地体验自己将来从事的职业岗位活动,强化学生的职业意识与职业规范,以此提高学生对专业职业岗位的认同度与适应能力。

在班级常规管理中全面实施"6S"管理。把现代企业中用于现场管理的"5S"标准融合、细化成学生日常行为规范细则并应用到班级常规管理中,建立起班级"6S"管理机制。实施班级"6S"管理的目的是营造浓郁的企业生产管理氛围,给学生创造一个更加干净、整洁、舒适、合理的学习与生产环境,提高学生学习与生产效率,培养学生的职业素养。

3. 在学习(实习)中实施有效的企业生产流程

完善学生生产实习的过程。应该让学生深刻认识到企业的生产过程是从生产准备开始,到产品检验合格结束。所以在学习、实习中,学生应该全程参与到生产设备、生产场地及生产材料的准备活动中来,并能积极参与生产评价,形成完善的生产能力。比如,专业学生在实习过程中的备料、领料环节往往被职业院校忽视,而这就是学生在企业生产过程中的一个重要技能。再如,在学生产品考核环节,对学生生产的产品评价标准也应该与企业生产产品的检验标准相统一,一般宜采用统一的标准以"合格"与"不合格"来评价产品。

严格学生生产实习的过程管理。职业学校一般都有自己的实习与就业基地,与企业有相对固定的合作关系,可以在专业教学中借助专业建设委员会外聘企业技术人员作为班级专业辅导员,就专业技能、专业发展等对学生进行定期辅导,提高学生专业技能。

培养学生职业生产意识。在企业生产中,管理者一般都很看重员工的生产意识,也就是"会干活"。这里的"会干活",不仅仅指员工对岗位操作技能的掌握,更是指在企业岗位上主动找工作、找任务并且主动去做的意识。比如,作为一种教育的需要,我们在布置专业生产作业时不要太"满",要让学生有余地去发现自己与作业的"不足",进而培养学生主动工作的意识与工作态度。

第三节　归宿:促进学生发展

一、职业教育的价值超越

(一)可能存在的职业教育局限性

以追求技术为核心指向。认为职业教育作为培养符合职业或劳动环境所需要的技能型人才为目标的一种教育类型,其本质是以职业需要为导向,以实践应用性技术和技艺为主要内容,传授职业活动必需的职业技能、知识、态度,并使学习者不断获得或者扩展职业行为能力,进而获得相应的职业资格。

侧重实用技能的培养。职业教育往往只重视那些与技术相关的专业学习,而忽视道德意识、道德规范等的培育。正如赫伯特·斯宾塞所说,在现代世界,最具有价值的知识是人能用其检验并解决自己问题的知识。这是通过科学和科学方法给予人类的知识。为了直接保全自己或是维护生命和健康,最重要的知识是科学。为了那个叫作谋生的间接保全自己,有最大价值的知识是科学,使每个公民合理地调节他的行为所必需的不可缺的钥匙是科学。当前职业教育从教学计划编制、教学目标制定、课程设置,到教学时间设置、师资配备、教学设施配置、教学方法运用、教学评价实施等,无不围绕着学生实用技能的培养而展开。

实施行为主义式的训练。行为主义理论认为,学习是刺激与反应的联结,通过学习建立起无条件刺激与条件刺激的关系;人类的行为只是学习的结果,即一个人的一切行为都是由外部影响而形成的。理论学习只是知识掌握的前提,真正的技术实践能力必须要在实训过程中才能形成。正因为如此,职业教育对学生进行技能培养时,按照严格的程序进行操作和实施,只是侧重技能获得的外部表现,而忽略了学生的动机、兴趣、需要、情感等非智力因素,"人"的价值被遮蔽,使学生异化为机器。因此,学校越来越不是一个"教育"的机构,越来越少"教育"意味,渐渐地成为一个没有"教育性"的教学机构,一种纯粹的职业预备或培训机构。

忽视人文素养的培养。良好的人文素养作为人发展的本质内容,是指社会成员所具有的人文知识,以及由这些知识所反映的人文精神内化在社会成员身上所表现出来的气质和修养。人文素养是社会成员对人以及人之精神的高度关注的表现,是人作为社会人的立身之本。人文素养和科学素养为人的素养的两翼,只有完全具备它们,才能使人成为"全面发展的人"。由于目前职业教育以技术的追求为其核心指向,过分注重技能训练,强调实践能力的获得,"能力为本""按岗定制""就业导向""实用至上",培养单一的"专才",使其降格到只以训练人的生产技能、掌握生产技术、为谋求职业做准备的层次,从而忽视了学生人文素养的培养,忽视了学生的全面、自由、和谐的发展。

(二)从职业能力到职业素养

职业能力所包含的要素十分丰富,并非仅仅关注操作技能本身,而是全面、细致、深入地分析影响操作技能养成的诸多方面。因为具体的操作技能至少是知识、心理运算过程和操作行为三者有机结合的统一体,同时也涉及职业态度和良好行为习惯的培养,心理素质和智力的提高,审美意识的提高等。

职业素养是一个多层次立体式的概念,本质上是人的一系列个性品质的集合,是通过职场锻炼的磨合、工作任务的完成而后天养成的,比如服从意识、严谨的态度和勇于承担责任而不找借口等,它配合职业技能更好地完成工作任务,不断更新职业规划,从而达到职业世界对职业人的综合要求。

如果把职业知识和技能称为显性素养的话,职业基本素养就是隐性素养,显性素养和隐性素养的总和就构成了一个人所具备的全部职业素养。

(三)职业素养培养的基本理论与方法

职业素养的培养要根据企业的管理因素来建立真实的职业情境,提高职业学校学生的职业技能和职业素养。在内容上,职业素养应该与各专业课程相互渗透,能够让学生深刻意识到职业素养的内涵和必要性,并对现有的一些课程内容进行调整;在方法上,职业素养的培养除了要多采用案例教学外还应该运用行为教育法,让学生在特定的情境下去展现自己的职业素养。具体来说:

开展校园文化建设来提高学生的职业素养。职业学校可以开发、建设音乐、文学、书法等各类人文课程来充实校园文化建设,提升学生职业素养;可以邀请行业企业专业人员来校开展各种讲座、论坛,成立各种协会;可以把三个课堂即教学第一课堂、活动第二课堂、社会第三课堂有机结合起来,通过青年志愿者、社会调查、科技文化服务、勤工助学等方式提高职业学校学生的职业素养。

在实习实训中提高学生的职业素养。职业素养与工作场所的特性密切相关,对学生实习实训的类型和质量进行调整会对学生的工作态度和工作行为产生正面影响。实习实训作为培养职业学校学生职业素养的中心环节,应该根据企业的需求制定实习实训规则,尽可能地建立与之相近的实习实训场景,并制定对应的考核规则,严把质量考核关;教师则应该严格按照这一规范要求学生。

发挥教师的示范作用来提高学生的职业素养。亲其师,则信其道;信其道,则循其步。法国作家卢梭也曾说,"没有榜样,你永远不能成功地教给学生以任何东西"。提高职业学校学生职业素养的必要途径之一是发挥好教师的榜样示范作用,而这一前提是教师首先必须具备基本的道德素质和基本业务素质。正如《学会生存——教育世界的今天和明天》一书中所说,教师的职责现在已经越来越少地传授知识,而是越来越多地激励思考,他将越来越成为一个顾问,一位交换意见的参考者,一位帮助发现矛盾论点而不是拿出现成真理的人。

二、学生全面发展

习近平总书记在 2018 年全国教育大会上指出,要把培养德智体美劳全面发展的社会主义建设者和接班人作为教育的根本任务,这也是职业教育的人才培养目标。随着社会不断发展,以人的发展为中心的人本诉求促使"为了职业""能就业"目的型职业教育开始转向"通过职业""就好业"手段型职业教育的超越发展。

(一)关注学生个性发展

个性是指个体在物质活动和交往活动中形成的具有社会意义的稳定的心理特征系统。个性并非是与生俱来的,而是个体在心理发展到一定水平后形成的,具有整体性、开放性、稳定性、独特性、社会性和生物性等特征。就像"一千个读者就有　千个哈姆雷特"一样,对于"教育是什么"这个命题,不同的人会有不同的思考,有不同的答案。对于人的培养不仅包括知识、技能等的传授,还包括对个性的培养,尤其是后者更为重要。英国教育哲学家约翰·怀特在谈及关于"受过教育的人"时,曾发表意见说:"无论如何,我是绝无理由如此强调统一性的,为什么受过教育的人必须都是同样的类型,具备同样的特质呢? 我们是否能够摒弃把事物概念化的做法,从而使教育工作者培养出丰富多彩的个性呢?"美国著名的进步主义教育家杜威也在其名著《民主主义与教育》中指出,每个人的观点、喜欢学习的对象以及处理问题的方式,都存在个别差异,因此要区别对待。职业教育作为教育的一部分,不论如何强调其功利性,也概莫能外。

此外,加强个性教育是时代和社会发展的要求,是职业教育本质的要求,同时也是学生发展的要求。鉴于此,职业教育应跳出"职业培训"的泥淖,不能只培养"工具人"或"机器人",更要注重培养"人",根据学生的个性发展需要,因材施教,给予积极的引导,挖掘他们的内在潜力,从而培养适合经济社会发展需要的全能型专业技术人才。

（二）坚持生涯发展理念

在生涯发展理念下,现代职业教育改变过往传统职业教育片面追求就业的做法,突出在提高学生不同专业学习兴趣、职业认同基础上,充分发挥家庭、学校、社区一体化力量,兼顾区域经济发展的需要,提高学生对自我、专业、职业、人生目标等的认识,推动学生可持续发展。不同专业学习兴趣、职业认同是学生生涯发展的基础,应贯穿于生涯发展始终;发挥家庭、学校、社区一体化力量是优化生涯发展的外部环境,是生涯发展的条件;区域经济发展的需要是学生生涯发展的社会功能的体现;对自我、专业、职业、人生目标等的认识是帮助学生明白为什么要从事这一职业,人生应该追求什么样的职业目标,是生涯发展的最终目标。

（三）强化劳动教育的价值与作用

劳动与职业教育有着天然的联系,职校学生通过劳动满足经济社会需求,实现自我发展。对于现代职业教育来说,劳动是内容,是方式,是组织方式,还是手段。职业学校要在劳动教育中强化对劳动教育的认识,充分理解劳动教育在生存、生活、生长中的价值和作用,使学生在善于劳动中愿意从事劳动、乐于劳动。

（四）开展人文素养教育

在能力至上和以就业为导向的目标指引下,许多职业学校过分注重学生科学素养的培养而忽略了学生人文素养的培养,导致学生追求名利、拜金主义现象日趋严重,吃苦精神和节约意识淡化,合作意识与协作精神缺乏等。人文素养教育是现代教育的重要组成部分,其根本目标是让学生通过提高人文素养而拥有更开阔的心胸,更加重视精神追求。因此,积极开展人文素养教育,以优秀的人文文化来武装学生的头脑,陶冶他们的情操,具有极其重要的作用。职业教育的开展不能"一手软,一手硬",而要双管齐下,在注重培养学生科学素养的同时,更要注重培养他们的人文素养。人文素养课程可与专业教育相结合,在专业理论课程与实训课程中教导学生树立良好的专业思想,形成良好的职业素养,使学生既有科学素养又有人文精神,既有专业知识又有健全的人格,成为"又红又专"、全面发展的人才。这将是社会走向真正意义的现代文明的可靠保障。

第四节　着力点：在服务中变革与创新

一、学生：独具匠心

"良田百顷,不如薄艺在身。"在中国历史上从来就不缺少在技艺上游刃有余的"工匠",从薄如蝉翼的丝绸到细腻润滑的陶瓷,从万里长城到秦兵马俑,无不让世人叹为观止。李克强在十二届全国人大四次会议上所作的政府工作报告中就曾提到,"鼓励企业开展个性化定制、柔性化生产,培育精益求精的工匠精神,增品种、提品质、创品牌"。"工匠精神"再一次回归到了中国公众的视野里。

（一）培育"工匠精神"：职业教育的时代担当

为应对全世界激烈的市场竞争,德国在 2013 年提出了"工业 4.0"的兴国战略,以全面数字化、网络化、自动化和智能化为核心,通过发掘新形式工业化的潜力,力图保持住其制造业领先全世界的先发优势。中国同样也面临着经济高速发展后的诸多问题,也正试图通过供给侧结构性改革保持经济平衡较快发展。

一方面,市场导向、客户导向规则在国内市场一段时期、一定程度上的失灵,导致了中国企业片面追逐产能和利益的最大化,这种舍本逐末的做法虽然给企业带来了一时的短期效益,但产能过剩的背后是重复建设与有限资源的浪费,并深刻影响到整个社会生产的均衡发展;而仅以片面的利益最大化为使命,不仅牺牲了产品的品质,也放弃了企业品质的培育,这种发展必然是不可持续的。产能过剩以及由此带来的不均衡发展,是可以在技术层面通过推进供给侧结构性改革来缓解或解决的。

另一方面,随着中国经济社会的快速发展,人们在生活水平得到提高的同时,由关注"有没有"开始转向"好不好",产品和服务的品质成为需求能否得到现实满足的最重要指标。设备与技术的先进性固然是产品品质的重要保障,但是现代化也好,工业化也罢,其推进与发展的决定力量还在于人,也只有人可以实现产品和服务的创新,以及对于产品和服务品质的控制。

既然社会需要高品质的产品和服务,而最终又取决于人,那么"人"从何而来呢?这就有赖于现代职业教育的人才培养,培养出能够提供高品质产品和服务的、更可靠的人才。显然,传统职教办学中偏重技术培训、强调"必需""够用"的理念已不合时宜,而是要更多地呼应社会发展的当代诉求,这一诉求就集中体现在人才培养的质量上,尤其是人的"品质"。在现代化的视野下,这一人才"品质"应该包括这样几个方面,一是具备高度的职业认同;二是具备高超的专业技能;三是具备高尚的事业追求,所谓"依天工而开物,法自然以为师",这与"工匠精神"的内涵有着异曲同工之妙。因此,"工匠精神"的培育理念理所当然地成为职业教育的时代担当。

(二)现代学徒制:"工匠精神"的培育载体

职教现代化,其实还在于职业教育对于一个时代发展的呼应。2014 年,教育部出台了《关于开展现代学徒制试点工作的意见》(教职成〔2014〕9 号),要求各地重视现代学徒制试点工作,着力构建现代学徒制培养体系。这正是现代化职教体系构建的重要内容,也是"工匠精神"得以发扬光大的重要载体。

1. 职教主体的多元化

"工匠精神"培育的源头在于企业岗位,没有企业参与的职业教育是不完整的。教育部原部长袁贵仁在《努力让全体人民享有更好更公平的教育》的报告中,就号召企业要勇于承担社会责任,与职业院校联合试点现代学徒制。现代学徒制通常实行职业学校与企业相间培训和学习的方式,学徒大约有三分之二的时间在企业体验技术文化、接受生产培训,大约三分之一的时间在职业院校学习专业理论,教学的双主体是其显著特征,职业院校教师和企业师傅共同参与人才培养的全过程。

2. 实践教学的个性化

实践教学个性化体现的是职业教育在尊重学生个体自主发展前提下的一种人文情怀,为学生自觉自愿认同并传承"工匠精神"奠定心理基础。个性化教学的前提是打破现有成建制班级一对多(几十个)的局面,师徒结对,师傅与学徒的一般比例为 1∶3,从而最大限度保证师生能够面对面充分地相互交流,学生充分感知老师、师傅的德与艺。同时,现代学徒制还可以按照学生的学习能力进行分组教学,企业生产工艺的复杂化、精细化程度作为项目差异化学习的"度",通过不同岗位(学习模块)的轮岗学习、定制学习,允许学生发展特长,使每一个学生都能在学习中有所收获。

3. 职业行为的专业化

这里所说的专业化,是指在一定职业规范下行为的专业程度,主要指职业素养的习得。现代学徒制并不是简单地用生产替代学习,更不是用技术学习替代人的品质的发展。相反,学生在企业培训学习期间,可以更多地接受职业道德、岗位职责的教育,进而培养其良好的生产意识、质量意识及职业素养,将"工匠精神"内化为自觉行为,达到职业行为的专业化。

"工匠精神"应该成为一种全民的价值观,人人"执事敬",促使中国由"制造大国"走向"制造强国"。这是职业院校当仁不让的社会担当,但也是一项系统工程,需要全社会共同关注与努力。

(三)现代工匠的培育

1. 基于"三个层面",构建现代工匠培养的立体架构

现代工匠培养是一项系统工程,需要政府、企业和学校等三个层面通力合作。

政府层面:落实顶层设计,完善现代工匠的培养机制。不同时代,不同国家的工匠产生均有其深刻的思想和文化背景。我国现代工匠的培育也有其内在的产生逻辑与现实需求。《国家中长期教育改革和发展纲要(2010—2020年)》提出,到2020年,形成适应经济发展方式转变和产业结构调整要求、体现终身教育理论、中等和高等职业教育协调发展的现代职业教育体系。这一顶层设计就是我国现代工匠培养的土壤。但要真正成为有营养的土壤,需要进一步进行"松土""除草"等护理,即现代职业教育体系需要通过舆论宣传、具体政策、法规制定和政企校多方面配合等措施进一步提高职业教育的吸引力和培养成效。只有这样,现代职业教育体系的构建才能真正落实下来。

企业层面:担当社会责任,创新现代工匠的培育路径。由于旧有体制、机制存在的问题,我国企业,尤其是中小企业在社会责任的担当上明显不够。现代发展理论认为,企业不只是生产产品,还应该与学校、社会一起成为人的成长舞台。企业要主动承担社会责任,在现代工匠培育中发挥应有作用。一方面,企业要培养好自己的员工,通过在职培养培训,引导他们追求产品品质,养成职业意志,最终成长为现代工匠。另一方面,企业要加强与职业学校的合作,通过现代学徒制等培养实践,促成职校学生由现代学徒向现代工匠的转化。

学校层面:回归教育原点,强化现代工匠的培育过程。在新一轮职业教育

改革中,许多职业学校在政府引导下,通过自身实践,在项目教学、实训基地建设等方面取得了丰硕成果。但其中也不乏为了成果而成果,出现了功利主义的倾向,背离了职业教育改革的初衷。职业学校必须抓住职业教育的"牛鼻子",回归教育原点——为什么要职业教育?职业教育的目的是什么?显然,职业教育不能仅以就业为目的,而要进一步满足职校生自身终身发展的需要。因此,职业学校要彰显出现代工匠培育的主阵地地位,在现代工匠的培育中,自始至终坚守对于职业教育原点问题的追问,保证现代工匠培育方向不发生偏离。

2. 围绕"三个重点",突出现代工匠培养的本质要求

重点之一:建立校企融合的机制。现代工匠的培育目标是在满足区域经济发展需求中实现个人的终身发展。现代工匠的培育必须以提升校企融合的质量为前提,最终实现双方共赢。一是拓展校企融合的广度。校企融合的要求与内容要涉及职校生的课程学习、生活要求、技术要求和工作规范等各个方面,同时要覆盖到职校生所有年级。二是挖掘校企融合的深度。校企融合的深度是指进行深入探讨与合作,不能只停留于校企合作的表面,如在基于定向培养的校企融合中,企业不仅要负责"出口品质的检查",更要在过程培养中与学校合作,广泛参与学校课程开发与管理等。三是把握校企融合的梯度。校企融合是一个长期的过程,贯穿于职校生的所有学段。显而易见的是,校企融合在不同年级中的要求是不一样的,具有一定的层次性。低年级职业体验活动是一种视觉的观察,内心的感知,实践中简单的模仿等,而高年级职业体验活动是学生职业岗位的适应性锻炼。

重点之二:实施基于原点的课改。课程改革经验与成果最终要通过有效切入课堂教学实现价值。在经过十多年课程改革发展的基础上,江苏职业教育课程改革的重点放在了教学大赛上,这是基于职业教育原点实施的引领教学改革、提升教学质量的重大举措。基于原点的课改实验必须把握好以下两个原则:一是用企业标准优化课程改革。无论是对教材的处理、教学方法的选择,还是对教学过程的管理和教学效果的评价,都要具有鲜明的企业标准特色,将教学置于实际而非虚假的企业情境中,用企业现行标准来优化教学设计、教学实施和教学评价。二是用动态生成促进终身发展。现代工匠培养不仅仅需要满足企业要求,更需要培养学生终身发展的能力。课堂实现教学目标以外的动态生成是教学过程中检验终身发展能力培养的重要标准。特别是创新能力的培养,可以帮助职业学校学生在以后的职业生涯发展过程中,走向更高的层次,真正体会源于自身发展和存在价值的快乐和满足。

　　重点之三:重构职业活动的体系。职业学校职业活动是课堂教学的实践延伸,是职校生走向现代工匠的重要桥梁。现代工匠的培养目标对职业活动的开展提出了新的要求:一是职业活动与现代工匠的培育要求相匹配,具有计划性。零散式、随机性活动容易出现培养的重复性或断片状等问题,从而使培养目标指向不明确。因此,职业活动应基于现代工匠要求,有计划地开展生涯规划设计、职业体验活动、技能比赛类活动、创业设计类活动和顶岗实习实践等五项职业活动,帮助职校生通过一定的情境,体验到现代工匠的要求,从而明白成长为现代工匠对于自己乃至国家的意义和价值。二是职业活动与课堂教学相呼应,具有相关性。职业活动与课堂教学不是平行的,两者的实施目的是一致的。有效地建立职业活动与课堂教学的互动方法与环节,建立紧密的关联,将会使职业活动与课堂教学不再仅仅只是"1+1=2",而是"1+1>2"。三是职业活动与学习阶段相对应,具有层次性。同一类学生活动在不同时期、不同专业的活动要求、内容和组织是不一样的,要有层次性和递进性。如职校生在参观企业,进行职业体验时,不同的年级所提出的要求和任务是不同的,一年级进行职业感知,形成职业认同感;二年级明晰本专业所需技术技能水平与标准;三年级则通过观察,判断和辨析各自岗位工作要求。

　　3. 突显"三个纳入",改革现代工匠培育的评价方式

　　将生成评价纳入评价成绩。一直以来,预成评价是评价职校生的硬性指标,但这只能说明职校生能够达到一名合格的职校生的要求。是不是符合一名现代工匠的要求,则需要生成评价。生成评价是现代工匠评价体系中的重要组成部分,是现代工匠培养质量的重要评价方法。没有经过预设的内容与活动更能客观地反映职校生学习成效,特别是匠心的培育阶段、匠蕴的达成情况都需要职校生的生成评价才能进行更为科学的判断。

　　将综合评价纳入评价体系。综合评价是基于分类评价而言,分类评价是职业学校对职校生所学每一门课程或技能的评价,是针对某一基础专业知识或技能而言进行的评价,是现代工匠评价中不可缺少、比较常见的评价形式。综合评价则是基于某一个综合性产品项目生产或服务而进行的评价,包括职校生的学习能力、职业习惯等现代工匠的重要指标。并且,这些与现代工匠特质相关的评价指标的权重还应该适当增大。

　　将师傅评价纳入评价主体。学校评价和企业评价在职业教育评价中并不罕见,尤以顶岗实习评价最为常见。但企业评价往往偏向于结果性评价,较少反映出学生生产现场的实际表现。事实上,职校生在真实工作场景下的表现是

职业学校学生在学校所学内容的实战,真实地反映职校生的学习情况。经验丰富的企业生产现场师傅的评价是职业学校学生成为现代工匠的重要推力。师傅评价不应成为企业评价的转换人,而是一个不可或缺的现代工匠评价主体,其评价也最为直接、有效。

二、教师:"双师"素质

教师队伍是发展职业教育的第一资源,是支撑新时代国家职业教育改革的关键力量。改革开放以来特别是党的十八大以来,党和国家提出了多措并举打造职业教育"双师型"教师队伍的一系列明确要求。2020年教师节,习近平总书记寄语广大教师,希望"积极探索新时代教育教学方法,不断提升教书育人本领"。

(一)"双师"内涵

职业教育发展关键看教师,教师素质关键看"双师",特别是"双师型"教师队伍的规模、结构、素质、来源。近年来,教育部、财政部连续实施了两个周期(2011—2015年、2017—2020年)的职业院校教师素质提高计划,推动职业教育教师队伍规模和质量明显提升,培养了一大批专业带头人和职教名师,有力支撑了职业教育高质量发展。但是,随着专业的升级、课程的更新、生源的多样,对职业学校教师会不会教、能不能教好,提出了新的更大挑战,"双师型"教师队伍建设面临诸多困难。比如,由于收入分配的"玻璃门",职业学校的绩效工资制度还不完善,职称制度改革有待深化;由于校企双向交流的"旋转门"还不顺畅,想招的人进不来,能进能出的双向流动机制还没有建立;不少教师还面临着知识更新难、技能实操弱等问题,教师的学校归属感、工作获得感、工作满意度不高。

"双师型"教师概念于1995年首次出现在国家政策中,《国家教委关于开展建设示范性职业大学工作的通知》(教职〔1995〕5号)明确表示,专业实践指导教师和专业理论教师在上岗前,必须在专业实践操作能力上过关,而"双师型"教师在全体教师中应保持30％以上的人数。国家教委在1998年出台的《面向二十一世纪深化职业教育教学改革的原则意见》中进一步表示,职业院校的教师必须抓住一切机会,到企业中去磨炼自身,精进自己的专业理论知识和实践操作方法,提高专业教学水平。可见,从初期开始,"双师型"教师的硬指标就是实践教学能力。

时至今日，"双师"内涵仍在不断充实当中。《深化新时代职业教育"双师型"教师队伍建设改革实施方案》（教师〔2019〕6 号）规定，各地结合自己的实际制定"双师型"教师认定标准，要求认定标准必须体现具有专业技能水平和教学能力的双师素质，并将此纳入教师考核评价体系。也就是说，国家暂不制定统一的"双师型"教师认定标准，而是各地结合本地实际情况制定。

目前，对"双师"内涵最合理的解释还应该从国家政策文件中去梳理。教育部、财政部《关于实施职业院校教师素质提高计划（2017—2020 年）的意见》提出了新时期的职业院校教师培训规划，并把培养"双师型"教师作为核心内容。强调在教师培训上，要采取分层分类培养的手段，有序促进校企双方人员的协作沟通，使教师的专业实践技能、实践教学能力和信息技术应用能力大幅提升，达到"双师"型教师的要求。党的十九大以来，党中央、国务院又做出一系列重大决策部署，《国家职业教育改革实施方案》强调将标准化建设作为统领职业教育发展的突破口，建立健全师资队伍的办学标准，要求"双师型"教师占专业课教师总数的一半以上，分专业建设一批国家级职业教育教师教学创新团队。《深化新时代职业教育"双师型"教师队伍建设改革实施方案》多次指出教师队伍在职业教育改革和发展中的重要地位，强调职业院校需大力培养教师实践应用能力，构建企业人员到校兼职、教师到企业实践的常态化机制，打通校企人员双向流动渠道，创建中高职教师专业技能创新示范团队，建立教师个体和团队成长机制等具体建设目标。2020 年 10 月，中共中央、国务院印发《深化新时代教育评价改革总体方案》，更是强调要健全"双师型"教师认定、聘用、考核等评价标准，同时鼓励引进第三方职教师资质量评价机构，不断完善职业教育教师评价标准体系，在"双师型"教师考核评价体系这一项中加入师德师风、教育教学实绩、实践技能水平和专业教学能力等内容。显然，现阶段国家对"双师型"教师的标准没有片面突出双证和中级（及以上）层次的要求，而是更加注重了师德高尚、素质优良、专兼结合的"双师型"教师队伍。

（二）教师教学创新团队

高水平、结构化"双师型"教师队伍是现代职业教育高质量发展的重要基石和有力保障。近年来，虽然职业教育"双师型"教师规模持续扩大，"双师型"教师素质不断提升，但仍然是制约我国职业教育高质量发展的短板。建设职业教育教师教学创新团队是教育部推动职业教育"双师型"教师队伍高质量发展的创新举措。2019 年教育部印发的《全国职业院校教师教学创新团队建设方案》

(教师函〔2019〕4号)并没有从概念和标准上界定职业教育教师教学创新团队。有学者认为,职业教育教师教学创新团队是由知识与技能互补的专兼职教师和来自行业企业能工巧匠组成,能运用创新思维探索分工协作的模块化教学模式改革、教材与教法改革,推动课堂革命的教学基层组织。也有学者认为,职业教育教师教学创新团队是以教书育人为共同的远景目标,为完成某个教学目标而明确分工协作,相互承担责任而知识技能互补的个体所组成的团队。

从专业共同体的角度来理解,职业教育教师教学创新团队是以专业或专业群为依托,聚焦特定的教学实践与改革难题,以模块化课程体系变革和教学模式创新为基本任务,以职业教育教师、专业、学科、课程、制度和文化发展的整体生成为目标,以师德师风优良、知识和技能优势互补的专兼职教师分工合作为手段,担负着提升职业院校专业(群)教研与科研水平,培养高素质复合型技术技能人才重要职责的正式的、专业性教学组织和综合性创新团队。

根据团队结构和载体的不同,教师教学团队可分为师资教学团队、专业教学团队和课程教学团队三种类型。师资教学团队是学校师资队伍的宏观结构,是针对学校整个教师队伍建设组成的教学团队,侧重年龄、职称、学历、学缘等一般性结构。课程教学团队是师资队伍的微观结构,是针对某门具体课程建设而组成的教师团队,如某门精品课程教学团队、某门一流课程教学团队。职业教育教师教学创新团队是中观层面的专业教学团队,即依托专业形成的共同体。首先,围绕某个具体专业(或专业群)而组建,如电子信息工程技术专业、建筑工程技术专业群,涵盖该专业(或专业群)的主要课程(含公共基础课、专业基础课、专业核心课、专业实践课等)。其次,团队成员来源于同一专业或相近专业,并在知识和技能上可以实现优势互补,形成创新团队的基本手段是分工协作,共同完成该专业(专业群)复合型技术技能人才培养的任务。最后,评价职业教育教师教学创新团队建设成效的重要指标是专业建设水平,包括专业课程体系优化、人才培养模式创新及教学成果产出等。

(三)教师队伍建设的六大行动

1."党建+"引领行动

加强教师党支部和党员队伍建设。深入推进党支部标准化建设和教师党支部书记"双带头人"培育工程,"两学一做"学习教育常态化制度化。将全面从严治党要求落实到每个教师党支部和教师党员,充分发挥教师党支部教育管理监督党员和宣传引导凝聚师生的战斗堡垒作用。

组织开展"党建＋"融合发展活动。持续做好"党建＋"青蓝工程,三年内每个党员干部至少指导一名青年教师,提高青年教师在学生管理、课堂教学、教育科研、创业创新等方面的能力素质;做好"党建＋"师生结对工程,每个教师党员帮扶一名学生,让学生在思想道德、行为养成、学业成绩、生活条件等方面得到显著改善。

2. 高尚师德铸魂行动

提高教师思想政治素质。加强理想信念教育,引导教师树立正确的历史观、民族观、国家观、文化观和事业观、学生观、教学观,坚定中国特色社会主义道路自信、理论自信、制度自信、文化自信,做到为人师表,立德树人,爱校如家,爱生如子。

健全作风效能建设机制。以"一训三风"为引领,凝练、诠释新时代学校文化新内涵。完善师德建设规范,建立校报教师宣誓制度。严格遵守劳动纪律,加强作风效能建设与监督、考核,引导教师以德立身、以德立学、以德施教、以德育德,争做"四有"好老师,全心全意做好学生的引路人。

实施师德师风建设工程。丰富师德教育形式,发掘身边的师德典型、讲好师德故事,加强引领,注重感召,弘扬楷模,形成强大正能量。加强班主任队伍建设,培养一支素质过硬的德育工作队伍。注重加强对教师思想政治素质、师德师风等的监督考评,着力以"一票否决"解决师德失范等问题。

3. 队伍结构转型行动

实施"双师型"教师队伍建设计划。根据省"双师型"教师认定标准和办法,对专业教师定期组织任教专业核心技能考核。专业教师每5年应到企业实践累计不少于6个月,其中,新入职专业教师第一学期以跟岗教学、实训指导和赴企业实践为主,前3年须赴企业集中实践锻炼6个月以上。

健全兼职教师管理制度。根据专业建设实际需要,定期选聘、续聘兼职教师,优先聘请行业企业专家和能工巧匠进课堂。建立健全乡土人才、非物质文化遗产传承人等学校兼职授课制度。

支持教师创新发展。提升教师创新能力,鼓励教师在尊重职业发展基本规律的基础上,选择适合自己的专业发展方向,重点在技能大赛、创新创业、产学研以及班主任工作、职业启蒙和生涯教育等领域实现多样化发展。

4. 教育素养提升行动

夯实教育业务能力。实施教师教育教学能力提升计划,出台并实施教师专业标准,提升教师教学基本功和教学技能。建立健全学校教学竞赛制度机制,教师近3年须参加至少一项校级及以上教学竞赛活动,以赛促建,提高教师业务技能。

掌握教育信息技术。主动适应信息化、人工智能等新技术变革,全面落实《教育信息化2.0行动计划》,坚持以应用为驱动,推进信息技术与教育教学的全面深度融合,满足智慧教育需求,教师信息技术素养高,使用信息技术开展课堂教学效果好。

促进课堂变革。完善教育科研工作制度,突出教师立足课堂开展教育创新实践教学。开展校级课改项目立项研究,探索教学模式创新、课程资源开发和教育教学技术更新,深化教学改革。

5. 专业成长助力行动

制定成长规划。编制全校教师成长阶梯图,组织教师制定三年发展规划,建立教师专业成长业务档案。支持教师在职学历提升,职业学校教师硕士研究生学历学位占比要达到30%以上,其中新入职教师硕士研究生学历学位占比应为100%,各类名优教师占比达到60%以上。

培养专业骨干。重点遴选、培养一批年龄轻、有潜力的骨干教师,围绕专业建设和技能大赛等展开培养培训,创造学习和锻炼机会,锤炼一支高水平专业带头人队伍,评选学科教学把关教师,覆盖所有骨干专业(群)。

完善培养制度。争创教师发展示范基地校,坚持实施5年一周期不少于360学时的教师全员培训制度,注重培训实效。拓宽教师海外培训渠道,加快提高专业教师具有海外教育培训经历的比例。

6. 管理水平提档行动

健全教师管理制度。全面落实《全面深化新时代教师队伍建设改革的意见》,完善教师教育教学管理规范,依照教师专业标准,严格教师考核评价。实施全员岗位聘任制和绩效考核分配制,做到因岗聘人、按岗定薪、依绩取酬。

创建教师管理平台。依托智慧校园建设,成立若干个骨干教师工作坊,创新组建教师研学团队。创建教师管理信息中心(平台),优化管理格局,提高数据集成度和数据使用效率,保证教师管理公正、透明。

优化教师管理机制。完善学校教师发展中心职能,配足配齐专兼职人员。强化学校教学督导室职能,规范督导流程,突出结果使用。成立学校学术委员会,规范教师学术行为和管理。开展星级教师、功勋教师评定,让教师享有更多荣誉感和幸福感。

三、服务乡村振兴

民族要复兴,乡村必振兴。2020 年年底,我国书写了世界减贫史上光辉的"中国答卷",取得了脱贫攻坚战的全面胜利。但是,这并不意味着我国反贫困事业的终结,我国仍然需要接好脱贫摘帽后的"接力棒",跑出乡村振兴的"加速度"。《国家职业教育改革实施方案》明确把"服务乡村振兴战略,为广大农村培养以新型职业农民为主体的农村实用人才"作为职业教育的时代使命。作为支撑乡村发展的主要内生动力之一,职业教育在产业带动、人才训育、技术积累、社会服务、生产转化、生态重构、组织建设等方面全面振兴乡村的优势愈加凸显。

(一)新发展格局中的乡村振兴

进入高质量发展新阶段,我国提出了要构建以国内大循环为主体、国内国际双循环相互促进的新发展格局。近期,《中共中央 国务院关于加快建设全国统一大市场的意见》发布,进一步展示出我国面对百年未有之大变局,着力构建经济社会、包括城乡统一、融合发展大格局、大境界的坚定决心。构建新发展格局,显然离不开乡村振兴与发展。置于这一新发展格局背景下来审视乡村振兴,更有利于职业教育认清自身发展的社会责任,为厘清县域职业教育在乡村振兴中的任务担当奠定基础。

《中共中央关于制定国民经济和社会发展第十四个五年规划和二〇三五年远景目标的建议》提出要增强职业技术教育适应性,为全面建设社会主义现代化国家提供有力人才和技能支撑。如果从职业教育与乡村振兴二者耦合的视角来考量,乡村振兴能够最大限度得到满足的需求主要体现在三个方面。

一是产业人才需求。即乡村产业振兴对技术技能人才的需求,随着乡村振兴发展的迭代演进,乡村产业人才需求呈现出旺盛态势。《中共中央 国务院关于做好 2022 年全面推进乡村振兴重点工作的意见》提出,要逐步提高中央财政衔接推进乡村振兴补助资金用于产业发展的比重,重点支持帮扶产业补上技术、设施、营销等短板,强化龙头带动作用,促进产业提档升级。这需要县域职业教育进一步加大人才供给,满足乡村产业新的发展需求。

二是人的全面发展的需求。尤其是进入小康社会以后,农民已不再满足物质生活需要,而是呈现出知识、技能、科技、文化等全方位、多样化的需求。其中,还必然存在不同人群的不同需求,比如农村老年人口、留守妇女等,他们同样是乡村振兴与发展的宝贵人力资源,值得深度关注。这必然要求县域职业教育坚守功能定位,以城乡平衡、充分发展来满足农民日益增长的美好生活需要,提升乡村振兴的内生动力。

三是乡村全面振兴的需求。2022年3月6日,习近平总书记在看望参加全国政协十三届五次会议的农业界、社会福利和社会保障界委员时指出,乡村振兴不能只盯着经济发展,还必须强化农村基层党组织建设,重视农民思想道德教育,重视法治建设,健全乡村治理体系,深化村民自治实践,有效发挥村规民约、家教家风作用,培育文明乡风、良好家风、淳朴民风。由此,县域职业教育也不仅仅是满足产业的发展、人的发展,还有乡村的全面建设。从某种意义上来讲,其中的思想道德教育以及乡风、家风、民风培育都属于教育的范畴,这对县域职业教育相应提出了新要求。

(二)职业教育服务乡村振兴的内涵

《中共中央 国务院关于全面推进乡村振兴加快农业农村现代化的意见》提出要提升农村基本公共服务水平,"在县城和中心镇新建改扩建一批高中和中等职业学校""面向农民就业创业需求,发展职业技术教育与技能培训,建设一批产教融合基地""加大涉农高校、涉农职业院校、涉农学科专业建设力度"等。进一步梳理乡村振兴战略的一系列政策文件,不难发现,乡村振兴的焦点就在于"落实精准扶贫""培育新型农民""加强农民技能训练""优先发展农村教育""传承优秀的传统文化"等方面。职业学校就是要围绕乡村振兴的重点和焦点提质培优、融合赋能,主要服务领域有以下五个:

一是物质扶持。职业学校应积极参与落实国家战略和政策部署,对农民实施"9+3"免费职业教育和奖、补、贷相结合的奖助办学模式。采用灵活的、贴近农民生产生活实际、乐于被农民所接受的培养培训方式,如订单式培养、工学结合等,并充分考虑农忙与闲暇交替的实际特点,让农民在学习过程中不至于对生产生活造成过多影响,保证农民有可以满足生活需求的基本收入。深入实施职教富民工程,积极推动涉农专业技术技能人才转移,形成城市与乡村涉农产业链的企业用人双向流动,带动乡村产业更好更快发展。

二是人才培养。乡村振兴,关键在人才。为谁培养人才?当然是为党、为国、为乡村振兴培养人才,有坚定的服务乡村振兴信念、能够为乡村经济社会发展所用——"留得住"。培养什么样的人才?这就需要对乡村振兴所需人才进行调查研究，掌握人才类型、数量与规格，对接开展专业设置论证与建设，能够让人才在乡村振兴中尽展其才——"用得上"。怎样培养人才？显然，应该是依据乡村发展的特点，灵活采用适应乡村产业实际特别是突出实践的模式与方式方法来培养培训人才——"学得好"。梳理 2022 年中央一号文件精神，家庭农场主、合作社带头人、乡村服务人才等成为乡村振兴最基础、最迫切、最急需培养的人才。比如，2022 年，国务院办公厅印发《"十四五"城乡社区服务体系建设规划》，提出"十四五"期间 11.3 万个城镇居民委员会综合服务设施实现全覆盖，50.9 万个村民委员会社区综合服务设施覆盖率达到 80%，而要实现这些目标，就需要培养一大批乡村社区物业服务、养老助老服务、乡村文化服务等专业人才，这为职业学校人才培养与专业建设提供了方向指引。

三是产业培育。提供产业技术服务。职业学校利用自身人才、技术优势，培养培训乡村振兴专业技术人员，面向农村推广、运用新技术、新技能，对涉农企业进行技术支持。培育乡村产业项目。职业学校联合科研院所、企事业单位等，把适切的产学研项目引入农村，并对项目培育与转化进行全程指导；同时培育农村产业带头人，壮大乡村振兴产业人才队伍。搭建产业服务平台。职业学校应联合政府和行业、企业共建共享面向乡村的产业服务平台，及时发布农村产业信息、乡村人才需求信息等，并形成多部门供需对接机制。

四是技术赋能。工业社会本质上是一种基于提高生产效率的分工经济，劳动者的技巧因专业而日进。技术时代背景下乡村振兴离不开技术赋能，而乡村振兴需要从农业、农村、农民全方位、立体式地技术赋能。职业学校首先要在培养培训中转变农民的技术观念，比如，农业机械化设备的使用是一种技术，但这只是技术器物层面的单向给予，还要解决农民对农业机械化设备构造、操作原理等方面的深度认知问题——电商等数字经济常态下的诸多生产、服务业态与之同理，进而提升农民的技术理性与生产实践能力。

五是文化建设。进入小康社会以后，文化成为农民高质量生活的刚需。乡村文化与农民生产生活、休闲娱乐密切相关，具有丰富的类型和资源，包括具有鲜明区域特点的农耕文化、乡村生活习俗、民间艺术等，并且呈现出多样的文化业态。职业学校可以拓展自身文化禀赋优势，通过挖掘本地乡村文化所蕴含的思想与人文价值、道德规范，协助乡村制定文化建设规划，推进文化建设。特别是利用职业学校、社区教育中心在内的终身教育体系资源，加大文体、科普等公共服务供给，满足农民日益增长的文化生活需要。

六是同频共振。职业教育服务乡村振兴，并不是单一的线性输出，二者完全可以在互动中实现发展的双赢。一方面,乡村发展固然可以从职业教育中生发内生动力,实现振兴的目标;另一方面,职业学校则可以在服务乡村振兴中深化产教融合、校企合作,并在项目实施、基地建设等方面形成增长点和新的发展格局,进而实现自身更高质量的发展追求,提高职业教育对区域经济社会发展的贡献度。

（三）服务乡村振兴的实践路径

《中国教育扶贫报告(2020—2021)》指出,巩固脱贫攻坚成果与助推乡村振兴有效衔接是我国教育帮扶面向"十四五"的重要发展任务。职业教育服务乡村振兴,就是要求职业学校要立足乡村新发展阶段,把职教富民和巩固脱贫攻坚成果作为自己的既定社会责任。同时,也要坚持以全面推进乡村产业振兴、人才振兴、文化振兴、生态振兴和组织振兴为目标,发挥区域职业教育资源优势,真正把"大有可为"的殷切期盼转化为"大有作为"的生动实践。

1. 加强区域统筹,为职业教育服务乡村振兴创造条件和发展空间

跨界是职业教育本质特色的规定,仅凭职业学校单方面发力难以满足和支撑地方产业发展。这就需要政府加强顶层设计和统筹管理,为职业教育服务乡村振兴创造更大的"可为"空间。

一是做好区域顶层设计。在党的统一领导下,县一级地方政府应因地制宜把乡村振兴人才培养和就业工作纳入区域经济社会事业及教育事业发展规划,明确区域职业教育服务乡村振兴的目标、举措,配套出台相关扶持政策,加大涉农专业建设投入力度,提升职业教育服务乡村振兴人才供给数量、质量和职业学校培养培训涉农人才积极性。特别是要基于职业教育的类型特征,积极推动区域职业教育服务和融入农民教育培训、农业中高职教育、本科教育的农业专业人才培养体系中去,使区域职业教育成为全民终身教育体系的重要组成部分。

二是建立区域职业教育治理共享机制。整合职业学校、职业培训机构和乡镇成人校、社区教育中心等资源,通过平台共建、数据共享、职责共担,实现区域职业教育对乡村振兴的融合赋能。关键是教育部门要联合农业农村、人社、财政等其他政府部门深入调研县域乡村经济社会发展人才需求情况,对照新的专业目录和已有办学条件,科学论证涉农专业设置的必要性、可行性及其教学要求,并在此基础上做好涉农业专业教育教学和培训的统一标准,指导职业学校服务乡村振兴的人才培养培训和督导考核工作。

三是建立产教融合制度。根据教育部等六部门《职业学校校企合作促进办法》、国务院办公厅《关于深化产教融合的若干意见》和地方促进产教融合、校企合作的具体办法、方案,积极落实财税减免、优先人才使用等组合式激励政策,引导区域企业,尤其是涉农龙头企业参与职业教育办学、融入涉农专业人才培养的全过程,有效对接教育链、人才链、产业链、创新链,提高人才培养培训质量。

2. 优化办学定位,突出职业教育服务乡村振兴的主要功能和实践领域

职业学校应主动承担职业教育与社会培训并举的法定职责,把服务乡村振兴、培养培训乡村人才等明确为学校主要功能与目标,并在学校章程中予以明确,做到依章办学。

一是修订、完善人才培养方案。根据农村产业转型升级发展需求,县域职业学校应及时调整专业群结构,修订、完善涉农专业实施性人才培养方案,通过"三教"改革引进乡土人才、开发生产经营项目教材、深化实境式教学方法改革等,突出培育新型农业经营主体、家庭农场经营者等重点,灵活设置课程,以新技术、新技能充实课程内容,并把思想政治教育、心理健康教育、安全教育、法律法规教育、文明生活常识等纳入课程内容中,促使学生实现知识技能的"无延时"学习和全面发展。

二是提供多样化培训服务。乡村振兴不只是经济文明的振兴,而是政治、经济、文化、社会和生态文明建设的协同发展、全面振兴,最终实现人民群众日益增长的美好生活需求得到充分满足。《职业教育提质培优行动计划(2020—2023年)》提出要落实职业学校承担学历教育与社会培训的法定职责,按照育训结合、长短结合、内外结合的要求,面向在校学生和全体社会成员开展职业培训。培训要面向乡村所有群体,职业学校不仅要向农村就业、再就业人群提供培养培训服务,还应该满足农村群众多样化的学习需求,比如烘焙食品制作等基本生活技能培训、居家养老人群的基本信息技术培训等,提高素质素养与生活质量。培训形式要灵活多样,职业学校应根据不同对象采取全日制和半工半读、工学结合等多种形式开展教学与培训,培训也应该以实境教学为主、讲座为辅,尽量采用一些群众喜闻乐见的形式,多动手实践,少一些理论宣讲。

三是开展企业孵化。建设乡村振兴示范性实训基地,职业学校结合区域农村发展实际,对接行业企业产业链,多方合作建设新优特职业技能实训基地,实现职业教育与技能培训进园区、进实境。完善企业孵化链,利用职业学校的人才和教学资源优势、企业行业的生产服务资源和设施设备、资金优势,健全人才

培养培训、生产实验实训、技术指导培训、信息平台共建共享等示范样态,培育、孵化乡村振兴企业和产业链。建立成果转化基地,深度参与科研院所和行业企业面向农业农村的技术研发与推广活动,把一些前沿甚至前瞻性研成果转化为可靠的教学成果,在保证专业建设示范性的同时,推动行业企业技术升级与生产换代。

3. 加强宣传引导,营造职业教育服务乡村振兴的浓烈氛围

一是加强文化建设。把乡村振兴的文化表征与内涵意蕴融入职业学校的校园文化建设中,创新耕读文化的呈现方式,在涉农职业体验中心建设等创建项目上给予政策倾斜,营造出浓郁的乡村振兴教育氛围。

二是加强信息传播。利用相关平台及时发布农业农村人才激励和农村就业服务等政策与信息,提高群众对国家乡村振兴战略及举措的认知度、参与度。

三是加强活动推介。利用职业教育活动周、全民终身学习活动周等积极组织开展形式多样的涉农人才培养培训成果展、职业体验活动、乡村创新创业大赛、职业技能大赛等,提高职业教育服务乡村振兴的影响力、吸引力。

四是加强典型示范。制度化定期评比、表彰一批服务乡村振兴成效显著的职业学校、培训机构和个人,宣传、推广返乡下乡创业典型及成功经验,放大乡村振兴"头雁"示范、辐射效应,提高乡村振兴的认可度、美誉度。

【实践 4】打造"合"文化,办一所充盈"生命生长"的职业学校
——专访江苏省通州中等专业学校校长姜汉荣
(《职教通讯》2021 年 11 期)

江苏省通州中等专业学校坐落于人文荟萃、崇教尚学的南通市通州城区,创办于 1985 年,2015 年增挂江苏联合职业技术学院通州分院校牌。学校是首批国家级重点中等职业学校、首批省高水平示范性中等职业学校、首批省"四星级"中等职业学校、江苏省高水平现代化职业学校、江苏省现代化示范性职业学校、江苏省中等职业学校领航计划建设单位,学校曾获江苏省职业学校学生管理 30 强等荣誉。学校秉承张謇"学必期于用,用必适于地"的职业教育思想,构建以"合"为核心的校园文化体系,以"办一所充盈着生命生长的职业学校"为愿景,坚持"融合、升级、超越"的发展路径。近年来,学校在内涵建设发展、德育品牌打造、教学模式改革与创新、产教融合渠道探索、服务学生全面发展与终身发

展、服务地方经济社会发展等方面成效显著，实现了学校办学质量的一次次升级超越，打造了县域职业教育的"通州样本"。为深入了解学校"生命生长"密码，本刊编辑部编辑秦涛专程采访了江苏省通州中等专业学校校长姜汉荣。

秦涛：姜校长，您好！首先非常感谢您在百忙之中接受采访。我们注意到了，在您的带领下，这几年通州中专在内涵建设、办学质态方面有了明显的提升，在省内有着很强的社会影响力，您也是全省职业教育领军人才、优秀中职校长。之前，我就了解到，您一直在致力于打造校园"合"文化，您能介绍一下校园"合"文化的内涵吗？

姜汉荣：谢谢您对通州中专的关注。校园文化是师生精神风貌、价值取向和行为规范的综合体现，不仅彰显学校发展的理念，更体现学校的发展方向，可以说校园文化是学校发展的内涵式品牌。所以，加强校园文化建设是构建和谐校园的现实需要，更是提升教育内涵、促进教育可持续发展的重要途径。通州中专是以原来的通州职高为基础，合并多所学校扩充而成，既有较为多重的文化底蕴，也有鲜明的职教特色。学校面对长三角一体化发展的新机遇，回溯历史，凝练精神，立足实际，展望未来，提出打造通州中专"合"文化品牌。

首先，我简单谈一下"合"文化的缘起由来。"合"文化源于源远流长、代代相传的中华"和合文化"。纵观历史，"和合"理念贯穿于中华文化发展过程，是中华优秀传统文化的重要组成部分。早年的甲骨文、金文已经出现"和""合"二字；"和合"二字联用最早见于《国语·郑语》："商契能和合五教，以保于百姓者也。"所谓"五教"即"父父、母慈、兄友、弟恭、子孝"。《吕氏春秋·有始》中提到，"天地合和，生之大经也"；先秦时期的荀子提出过"天地合而万物生，阴阳接而变化起，性伪合而天下治"的思想；明朝王守仁提出著名的"知行合一"学说；"天人合一"则是中国哲学史的重要命题。习近平总书记也曾指出，中华文化崇尚和谐，中国"和"文化源远流长，蕴涵着天人合一的宇宙观，协和万邦的国际观，和而不同的社会观、人心和善的道德观。应当说，中华文化中的"合"，包含了对立统一的辩证思想，而天人合一、知行合一、身心合一等理念，还包含了中华民族对实现人与自然共生、人的全面发展和追求人类更加美好生存理想的一种独特认识思维和方法论，教育工作者更应该把这种文化思想浸润到育人过程之中。这是教育的美好境界。

其次，从我校发展的历史上看，我校创办于1985年，之后分别在2004年、2005年、2008年，按照通州区委区政府整合优化全区职教资源的相关决策与要求，通州区金沙职业学校、通州电视大学、通州区教师进修学校等学校办学资源先后整合并入通州中专。四所文化迥异的学校大合并,怎么凝聚人心、汇聚力量,真正融合成为一所有战斗力的学校? 当时,我提出了"合和共美"的观点,这是学校管理的需要(图4-1)。

图4-1　学校"合"石

最后,从职教改革要求上看,"合"抓住了职业教育作为类型教育的特质特征。办职业教育不能关门办,必须走一条企业社会广泛参与合作办学的道路。以"合"为取向,一是指明了职业教育必须走"产教融合、校企合作"的办学之路。职业院校必须"由参照普通教育办学模式向企业社会参与、专业特色鲜明的类型教育转变","深化产教融合、校企合作,育训结合,健全多元化办学格局"。二是指明了中高职校必须面向和服务社会各方,注重"协作"办学。如学校大力实施"精准服务区域发展需求""服务乡村振兴战略""服务军民融合发展""促进普职融通""加强社区教育和终身学习服务""大力开展职业培训"等一系列举措,以此来拓宽办学功能。三是指明了"合作"育人的若干原则、策略、重点项目等内容。一要"坚持知行合一、工学结合"、校企"双元"育人;二要主动与具备条件的企业在人才培养、技术创新、就业创业、社会服务、文化传承等方面开展合作;三要建设具有辐射引领作用的高水平专业化产教融合实训基地;四要推进职业教育领域"三全育人"综合改革试点工作,努力实现职业技能和职业精神培养高度融合。这是职教人的使命与职责。

目前,我们可以把学校"合"文化内涵理念归结为:对照新时代发展对职业教育的新要求,学校打造以"做人做事""知行合一"为特征的校园"合"文化,就是以融合发展为目标,建设职业学校多功能综合体;以"做人教育"为旨归,促进学生德技并重、身心并修发展;以产教融合为路径,增添创新发展新动能;以"跨界·融合"教学改革为关键,提升学校发展内生力。

秦涛:听您这么解释,"合"文化的形成有学校历史渊源,有传统文化渊源,也有职业教育的蕴含,确实形成了学校发展的特色。围绕"合"文化,贵校主要做了哪些实践探索呢?

姜汉荣:围绕学校"合"文化建设,我们也做了一些思考与探索。

首先,在管理上突出"合"。学校坚持党建引领,实施"党建融合"工程,贯彻落实党的路线方针政策和习近平总书记关于教育工作的重要论述,坚持立德树人根本任务,从"合心""合德""合行""合创"四个维度,创新党建"四合"新机制,推动学校高质量发展。学校的党建"四合"机制被评为南通市学校党建文化品牌。在融合理念指导下,基于职业学校功能的多样化、结构性、集聚式发展趋势,学校把功能融合作为办学新定位,整合六大办学功能(职业学习、技能培训、科技研发、非遗传承、职业体验和社区教育),将学校打造成具备多元功能的职教综合体。目前,我校坚持学历教育与社会培训并举的总体办学格局,学历制招生年规模稳定在 1 500 人;技能培训年规模保持在 6 000 人次以上;产品研发和在研科技项目 3 项以上;非遗文化进校园固定性项目 10 个;高标准建设了"融合+"职业体验中心,创造性地建立了社区体验分中心,每年服务企业 20 家,组织中小学生和市民参加体验活动达 10 000 人次以上。

其次,在教育上紧扣"合"。学校积极落实立德树人根本任务,围绕学生的全面发展、终身发展,以"融合、升级、超越"为统领,以生命生长教育为追求,将习近平新时代中国特色社会主义思想融入教材、课堂,融入学生培养全过程。另外,学校还深化做人教育,持续养成教育,开展基于"生存、生活、生长"的"三生"劳动教育,推进体育美育,塑造学生"知行合一"的精神品质,着力培养德智体美劳全面发展的技术技能人才。

最后,在教学上践行"合"。当前,南通抢抓长三角一体化发展上升为国家战略等重大机遇,在科技创新、产业对接等方面有机嵌入上海、苏南的产业链和价值链,加快融入区域职业教育协同发展新平台。学校紧跟形势,主要在以下五个方面做了一些探索:一是专业体系融合。学校立足区域优势产业发展需求,打造围绕"海工装备、现代建筑、高端家纺"三大产业、"交通运输、互联网+、现代服务"三大行业建设的"三纵三横"现代专业体系。二是课程融合。学校打破现有专业课程体系,按照现代企业生产流程和岗位能力标准重构专业课程,重点是以项目为纽带,把学生的学习过程变革为企业的生产过程,从而把原先不同专业的学习内容通过"项目"融合在一起,形成新的专业课程体系,借助"产教融合"式课堂、课程、真实企业化教学活页评选,在教学领域深推"职场和学场"双场合一的教学模式改革,加快"跨界·融合"教学改革实践(图4-2)。三是书证融通。学校的智能财税(第二批)、工业机器人操作与运维(第二批)、建筑

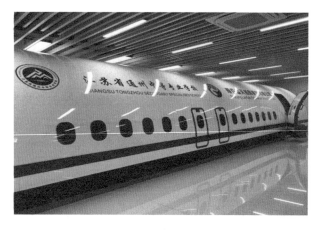

图4-2　学校民用航空实训中心

信息模型(BIM)(首批)等3个专业被遴选参与教育部"1+X"证书制度试点工作,目前已建成通州BIM+装配式建筑新技术人才培训和认证基地,有力地促进了优势专业的融合发展。四是产教融合。"走出去",把学校办到园区,把专业办到企业;"请进来",把企业生产线搬到学校,把企业师傅请进课堂,实现专业群与产业链、教学链与生产链、人才链与岗位链、创新链与价值链有机对接、融合发展(图4-3)。五是普职融通。学校采用"建基地、迎进来、送上门、携手办"的方式积极开展职业体验活动,挖掘地方职业体验教育资源,构建职业体验教育组织网络,将职业体验教育惠及更多中小学生。

图4-3　学校圣夫岛家纺产教融合基地

秦涛:姜校长,我们也注意到了,贵校以"办一所充盈着生命生长的职业学校"为愿景,这种办学目标的提出非常有创意,也让我们感觉到这是教育的一种非常美妙的境界。您能给我们谈谈这种办学追求吗?

姜汉荣:好的。我认为,学校是有生命的,一所好的学校一定是充盈着生命生长的学校。作为一所职业学校,学校的生命在专业、在教师、在学生,因为专业建设是职业学校发展的主线,教师队伍是职业学校发展的关键,学生成长成才是学校的根本。

首先,生命生长在专业,职业学校的专业成长要做到长新、长品、长深、长科学。学校的专业设置要紧跟地方经济社会发展趋势,随产业变化动态更新调整,特别是新兴专业的设置;专业建设要注重提高质量,努力建成品牌专业,尤其要打造特色专业;在专业建设过程中要非常关注校企深度合作、产教深度融合;在专业建设过程中所涉及的师资队伍、设备条件、招生规模、人培模式、教学组织、教学资源及管理机制等要素的组合应合理科学,形成有机整体。学校围绕职业教育为区域经济社会发展服务的办学定位,高度重视供给侧改革,不断优化专业设置,坚持为通州地方经济建设、社会发展培养"留得住,用得上"的技术型人才,坚持围绕地方产业设置专业,紧贴地方产业转型升级调优专业结构。学校在对通州地方产业充分调研的基础上,立足通州主导产业发展需要,围绕现代制造、建筑、家纺等三大产业建设三大专业群;立足通州经济社会发展需求,围绕交通运输、互联网+、现代服务等三大行业建设三类专业,形成"3+3"专业建设体系。学校进一步完善校企合作机制,与通州区家纺商会、江苏圣夫岛纺织生物科技有限公司、南通四建、深南电路等公司建立了战略合作关系,学校先后建成省示范专业、品牌专业5个,省现代化专业群6个,省现代化实训基地4个。学校现有主要合作企业53家,建成南通市职业教育校企合作最佳组合2个,示范组合1个,特色组合2个,实现了专业建设的动态优化、产教深度融合与科学发展(图4-4和图4-5)。

其次,生命生长在教师,教师的成长要做到长长、长高、长响、长持续。教师要有专长,专业成长的层次要高,要努力成长为名优教师,在本专业领域、本地区范围内要有一定的影响力,要树立终身发展的意识,防止职业倦怠,不断学习新知识、新理念、新工艺、新方法,适应经济发展的新形势。学校加强师资培训,促进教师更新理念,提高格局与提升境界,重视名师培养与专业发展,持续推动教师专业成长,提高学校教师的知名度和影响力,延长教师职业生命长度(图4-6)。"十三五"期间,学校以校园二期建设为契机,努力改善师生工作与生

图 4-4 学校丰田汽车实训中心

图 4-5 学校云如电子商务实训中心

图 4-6 学校教师团队参加江苏省职业院校教学大赛

活条件,在每个院、系、部都建了教工休闲阅览室、教工健身活动室,改善学校食堂条件,建设智慧校园,定期开展教工文体活动,营造舒适人文的工作环境,提高了教师的工作动力与幸福感。目前,学校有正高级讲师、特级教师、省职教领军人才、区市级学科带头人、骨干教师、拔尖人才等名师 50 余名,为学校高质量发展奠定了坚实的人才基础。

最后,生命生长在学生,学生的成长要做到长专、长特、长味、长终身。学生要掌握一技之长,掌握精湛的专业技能;要注重综合素质的培养,实现"一专多能";在学习专业技能之外,学会生活,学会审美,注重修养,提高生活品质与个人品位;要培养终身学习能力,注重生涯规划与发展。学校注重学生专业技能培养,实现了师生技能竞赛制度化、全面化,形成了省市技能大赛选拔、集训、参赛长效机制。近年来,学生在技能大赛国赛、省赛、市赛中摘金夺银,成效显著(图 4-7)。学校持续开展"做人教育",促进"生命生长",成立了数十个学生社团,开展丰富多彩的社团活动,形成学生自我管理、自我服务的组织网络。同时,学校致力于文化课程改革探索,开展公共选修课程走班选学活动,从"学会一项表演艺术、掌握一项鉴赏能力、传承一项非遗技能、拓展一项专业技能"等四个方面努力提升学生的综合素养,为学生职业生涯发展和可持续发展奠定了坚实基础。人民网江苏频道联合江苏省教育厅曾推出的"我 15"——中等职业教育大型人物访谈活动,第一期就介绍了我校学生在知名企业岗位成才的典型事迹。

图 4-7 学生获 2019 全国职业院校技能大赛
"ERP 沙盘企业模拟经营(中职组)"项目金牌

融合 升级 超越
——职业学校高质量发展的校本实践

秦涛：从学校"合"文化的打造，到提出"办一所充盈着生命生长的职业学校"的办学追求，我们可以感受到通州中专始终坚持走内涵建设与高品质发展之路，也看得出您是一位有思想有品位的校长。这几年，学校在内涵建设与品牌建设上取得了哪些成效？请您谈谈有哪些值得推广的做法。

姜汉荣："十三五"期间，我们提出了"融合、升级、超越"办学思路，努力提升学校的办学生态。特别是这几年，我们紧紧抓住教学质量提升这个"牛鼻子"，大力推进"三教"改革，从教学模式的不断创新实践中带动了教师、教材、教法的优化与提升。

早在2015年，学校就通过分析国内外职业教育发展经验成果、学校办学实际中出现的问题，明确职业教育发展的趋势就是全方位实现"学场"和"职场"的有效整合，在学场中培养学生的综合能力，并将有关能力有效地迁移到职场。为此，学校提出中等职业教育"双场合一"教学，即在教学过程中，系统提炼职场典型要素，以企业产品为教学主要内容，以企业生产监控方式为教学评价主要形式，将中职学生的学习置于企业的生产情境之中，寓"情"于"境"，以"情"导"思"，以"思"促"行"，使学习过程与企业生产过程有效融合，实现了学场与职场的有机统一；并在学场学习过程中加强对学生学习习惯、学习方法、学习能力的有力培养，有意识地将这些学习要素迁移至职场的工作之中，促进了学生的终身发展。学校首先在机电专业试点，开设了基于"双场合一"教学的油泵课程。学生学习了该课程以后，学习习惯明显改善，职业素养、学习能力、学习效率得到明显提高，专业技能得到有效加强。学校"双场合一"教学成果也获得了省教学成果一等奖、国家二等奖，学校也增强了教学改革创新的动力和信心。另外，值得欣慰的是，伴随着改革创新实践，教师的专业成长也在不断加快，先后产生了3个省名师工作室和1个教学创新团队。

近几年，学校开始推进中职公共选修课程开发和实施的理论研究与实践探索。学校着眼中职学生未来生涯发展所必需的素养，关注学生个体的个性化发展需求，中职公共选修课程教学改革以"定制·融合·共生"为核心理念，从课程决策、课程设计、课程实施以及课程学习评价等方面进行了系统架构，提炼了公共选修课程开发和实施操作范式。

学校着眼职校生"一专多能、一专多长"发展，对区域、企业、兄弟职校、学校公共选修教学资源进行调研分析和归类梳理，开发了可自主选择、为学生个性"定制"的中职公共选修课程，形成了"开放性、自助式、创生型"的公共选修校本课程模块。目前，学校共开发了体育表演类、文化传承类、劳动素养类、书法绘

· 130 ·

画类、专业拓展类等多个门类 80 余门公共选修课程。课程根据岗位能力需求分析、学生学习需求分析,以选修项目、教学模块、体验案例为课程节点内容,打造按属性分类、按项目分科、按模块分级、按课例分课的"集成开放"的学校公共选修课程自主选课体系,课程均可实现南通大市的共建共享。

在通州中专,公共选修课程正成为学生喜欢且受益的课程,选学外语、专转本、技能提升、创新创业、第二专业在通州中专蔚然成风,学生通过选学形体、礼仪、书法、国画、蓝印技艺、仿真绣技术等选修课程,既陶冶了情操,增强了体格,培养了心智,增长了技能,更厚植了素养,养成了知书达理的内在品格。每个学期选一门喜欢的公共选修课程是通州中专学生最热衷做的事情。学校相关教学成果多次在省市级活动中展示。2019 年,江苏省职业教育名师工作室开展了"跨界·融合"高质量发展研讨活动,并在 2020 年"融合·共生"长三角职业教育古沙论坛上进行专题推介和展示,获得了一致好评。公共选修课程教学改革为省内同类学校提供了"学分制、个性化、可定制、菜单式、模块化、开放式、能展演"的公共选修课程通州中专实施样本,成为学校创新发展的特色品牌之一。

秦涛:姜校长,我们发现职业学校大多重视学生两方面培养:一是技能;二是品德。贵校通过专业课程与公选课程的改革,在培养学生专业技能与综合能力方面取得了成功。作为江苏省职业教育德育工作先进校,贵校的德育工作一直在省内颇具影响,那么贵校在德育品牌打造上有哪些成功经验?

姜汉荣:为防止技能培养与品德培养"两层皮""两条路"的分裂现象,学校坚持融合理念,把技能培养与品德教育融合在一起抓。早在 2009 年,学校就开始开展以现代文明素养培育为核心的"做人教育"实践活动,立足学生终身发展,摒弃"育人即育技"的狭隘观念,响亮地提出"为职校生做更周到的人生准备"的口号,努力实施现代"校园文明人、职业文明人、家庭文明人、社会文明人"的四个文明人培养工程。通过学校人文教育、家庭教育、职业素养教育、公民教育,让职校生学会做人,使之"在学校做文明好学生、在社会做文明好公民、在企业做文明好员工、在家庭做文明好孩子"。学校"做人教育"德育品牌曾在全省德育工作现场会进行展示,产生了良好的社会影响。

近年来,学校积极响应并贯彻"培养德智体美劳全面发展的社会主义建设者和接班人"的教育方针,坚持"五育"并举,在原有"做人教育"德育品牌的基础上,主动加强美育和劳动教育研究,切实开展了以生存、生活和生长为主要指向的"三生"劳动教育,探索构建"三生"劳动教育的新模式,推进"做人教育"德育品牌内涵向纵深发展,推动职业教育与生产劳动相结合,引导职校生做崇尚劳动、尊重劳动、懂得劳动、热爱劳动的"全面发展的人",让劳动为职校生的生命生长赋能。

生存,即以精湛技能谋求"生存"。学校通过校企合作、工学结合,提高专业技能生产性实习实训课时比例,强化专业技能劳动教育。其目的是为了帮助学生形成职业意向,掌握与专业相关的生产劳动、职业劳动和社会服务劳动的基本技能;让学生能够善于运用劳动法律知识认识劳动关系,解决一般劳动争议;帮助学生充分进行职业体验,达到对本专业认同度高、崇尚劳模精神、工匠精神和劳动探索精神的教育目标。

生活,即以精致美好定义"生活"。学校通过生活劳动教育,培养学生真、善、美的生活情趣,让学生学会生活、会欣赏、会品味、会创造。一是培养学生劳动习惯。以班级为单位,全员参与劳动实践周,设立校园劳动实践岗,提高学生参与学校劳动的参与度。二是抓好劳动基地实践。学校开垦农田15亩,设立种植区,邀请区农机站种植专家到校授课,指导学生种植农作物,从开垦种植园地开始,播种、维护、收获、分享,学生们围绕种植记录劳动日志,形成校本劳动小课程,品出生活滋味。三是利用假期锻炼生活技能。在假期中教师也会布置学生在家做家务、下厨房、进田地,记录、分享自己的劳动成果。生活劳动教育让每个学生体验到了生活的快乐,提高了学生的生活品质。

生长,即以传承创新实现"生长"。一方面,学校开发了传统技艺传承课程,建立非遗文化职业体验中心,开设非遗文化传承课程,让地方非遗大师走进课堂,亲身传授传统技艺。另一方面,学校深化了创新创业教育,引导、鼓励学生参与创新创业,开展SYB创业课程教学。另外,学校还开展了技能志愿服务,与地区图书馆、文博馆、便民服务站共建志愿服务基地,让学生发挥专业优势,开展志愿服务,既提高了学生的技能水平,又服务了社会,提升了学生的综合素养。

为了有效推动"三生"劳动教育的开展,学校专门成立了"三生"劳动教育领导工作小组,加强劳动教育研讨,进行立体化设计,制订学生劳动教育"五个一"方案,即帮助学生制订一份个性化在劳动中成长方案、养成一系列良好劳动习惯、培养一个良好生活爱好、参加一次校级以上技能竞赛、参加一类志愿服务或创新创业活动。为此,学校开发出符合现代劳动教育理念的综合实践活动课程,课程包涵了以下四个方面的内容:一是劳动教育必修课程,组织教师参与编写劳动教育教材——《劳动教育》;二是构建"三生"劳动教育公选课程,开发"三生"劳动教育系列活页教材;三是种植类劳动教育综合课程,利用学校现有土地资源,开展"美化校园、认领小菜园"综合实践活动,开展"一系一特色"劳动实践基地建设,形成体验式渗透式教学资源;四是校外实践性课程,包括家庭劳动作品集、社区劳动风采录、企业岗位实践课程等。同时,学校还积极加强劳动基地建设。首先,学校与当地知名企业共建职业技能劳动教育基地;其次,学校发挥本地龙头职业学校的作用,建设面向区域中小学生的劳动教育基地及职业体验中心,目前已建成省级工业机器人职业体验中心;最后,学校大力推动拓展劳动基地建设,主要建成了传统技艺传承基地、创新创业基地、非遗传承中心、师生休闲中心、志愿服务基地等(图4-8),目前这些基地在学校均已初具规模。2020年4月,江苏教育频道《江苏职教风采》栏目对学校"三生"劳动教育进行了专门报道。2021年5月,学校承办南通市职业学校劳动教育现场会,展示了学校"三生"劳动教育的丰硕成果。

图 4-8　学校劳动教育基地

秦涛:贵校的"合"文化,很好地把校企合作、产教融合这一职业教育类型特质包含其中。姜校长,您能谈谈学校与企业合作、服务区域经济社会发展的具体情况吗?

姜汉荣:好的。一直以来,学校积极推动产教融合,以服务通州先进制造、现代家纺、现代建筑、现代服务"四大经济"为宗旨,积极对接县域产业集群,紧缩围绕优化专业设置、教师队伍建设、课程体系改革、协同育人格局建设等方面,开展校企合作。学校在校企合作中积极打造校企协同育人、合作双赢的合作格局,实行校企主导、政府推动、行业指导、社会参与相结合的工作机制,早在2015年,学校牵头成立了南通智能制造职业教育集团,在2017年,学校与地方知名企业现代学徒试点评为南通市校企合作最佳组合,成为省内较早引企入校的中职学校之一。学校根据企业实际情况,灵活采取了专业共建、订单培养、企业学院、现代学徒制、引企入校等合作模式,积极探索多元化办学和混合所有制协调发展,先后与南通四建、深南电路、圣夫岛家纺、江华机械等地方近20家优质企业合作,有效地推动了校企合作、校外实习基地建设、校企人才双向流动,建立起智能制造学院、圣夫岛家纺学院、四海集团建筑学院、深南电路产业学院等。学校还加强兼职教师队伍建设,开发校企合作课程,引导企业深度参与教材编制和课程建设,设计课程体系,优化课程结构。学校积极加快课程教学内容迭代,关注行业创新链条的动态发展,推动课程内容与行业标准、生产流程、项目开发等产业需求科学对接,建有"认知公司""人厂第一课""体系意识宣导""创造未来,始于心芯"等一批高质量校企本位课程、教材和工程案例集,开发了工作本位课程标准。学校每年举办企业进校园毕业生招聘会,毕业生供不应求,为地方经济社会发展输送了一大批合格的技术技能人才。

秦涛:贵校围绕"合"文化建设,无论是学生、教师,还是专业建设、产教融合、教学改革等方面,都取得了如今显著的办学业绩,彰显了"合"的魅力和"生命生长"的力量。请问姜校长,贵校在面向"十四五"时期有什么样的规划与设想呢?

姜汉荣:"十四五"期间,学校将以习近平新时代中国特色社会主义思想为指导,贯彻落实党的教育方针,紧紧围绕立德树人的根本任务,坚持党建引领,依法进行现代学校治理,聚焦提质培优,增值赋能,进一步深化改革与内涵建设,在"合"字上做文章,增强职业教育适应性,为实现学生成长、教师发展、专业发展的"充盈着生命生长"的现代领航学校而努力,在打造县域职业教育高质量发展"通州样板"的同时,为区域经济社会发展提供人才支撑,发挥职业教育的优势与作用。未来,学校将重点在以下四个方面下功夫:一是紧密联系产业,积极开展学校企业行活动、企业进校园活动、专业结构调优活动,聚焦通州"3+2"产业体系,立足"一主一新一智"产业集群发展新态势,打造"3+1"现代化专业群格局,着力将智能制造、建筑、家纺艺术和现代服务等四大类专业做强做大做优做精,实现专业结构与地方产业结构高度吻合,以"三大活动"实现专业建设"转型升级";二是立足学生生命生长,以"课证融通"建设项目、选修课程建设项目、学分银行建设项目等"三大项目"实现人才培养优化;三是推进教学改革,基于"双场合一"与"融合"理念,提炼融合教学模式,加强"融合"教师团队建设,开发"融合"项目课程和新型活页式教材,注重"融合"思政课程开发,推动从"思政课程"到"课程思政"的"大德育""大思政"范式转换,实现多领域实施"融合"教学改(图4-9);四是深化产教融合,探索校企共建产教集团(联盟)、校企共建二级学院、校企共建功能中心,建设"校企双元"命运共同体。

图4-9 学校自主开发党史学习教育系列微课视频《通州中专"精神讲坛"》

"十四五"期间,我们将积极应对面临的挑战,抢抓机遇,以高质量发展为目标,践行提质培优行动计划,把融合赋能、提档升级、追赶超越进行到底,在提档、提质、提速、提优方面下功夫,把学校建设成为适应力更强、影响力更广、贡献度更高的功能综合体和长三角高品质示范性职业学校,在服务区域经济、服务产业升级、服务学生成长中"争当表率、争做示范、走在前列",为"强富美高"新江苏建设贡献职教力量!

秦涛:感谢姜校长为我们分享了贵校的办学经验。贵校紧紧围绕"合"校园文化建设,以"办一所充盈着生命生长的职业学校"为追求,打造县域职业教育"通州样本",体现出一种别样的管理智慧,也为同类学校高质量发展提供了启迪与启示!相信贵校一定能发展成为充盈着"生命生长"的县域职教名校!再次感谢您的分享!

参 考 文 献

[1] 陈衍. 高等职业学校竞争力研究: 以 Z 省为例[D]. 厦门: 厦门大学, 2019.

[2] 冯增喜, 于军琪, 杨亚龙, 等. 新工科背景下专业融合改造升级的探索与实践[J]. 教育教学论坛, 2022(19): 85-88.

[3] 贺书霞, 冀涛. 从"合作"到"融合": 职业教育产教融合机制研究[J]. 河北职业教育, 2022, 6(1)5-10.

[4] 姜汉荣. 功能综合体: 县域职业学校的功能再构与路径探寻[J]. 中国职业技术教育, 2019(19): 82-87.

[5] 姜汉荣. 技术赋能与职业教育创新发展[J]. 职教通讯, 2019(2): 3.

[6] 姜汉荣. 匠心育工匠: 社会发展的时代诉求和职业教育的理性顺应[J]. 教育理论与实践, 2018, 38(21): 21-23.

[7] 姜汉荣. 区域职业教育发展命运共同体: 类型与融合的实践创新[J]. 职教通讯, 2020, 35(9): 26-31.

[8] 姜汉荣. 趋向与机制: 职业学校人才培养方案实施的关键[J]. 江苏教育, 2020(28): 29-33.

[9] 姜汉荣. 县域职业教育服务乡村振兴的内涵厘定与实践路径[J]. 中国职业技术教育, 2022(24): 79-85.

[10] 姜汉荣. 职业学校高质量发展的基本内涵: 基于生命生长愿景[J]. 江苏教育, 2021(46): 40-42.

[11] 姜汉荣. 职业学校高质量发展的生命生长: 现状、问题与对策: 基于对江苏省 67 所职业学校的调查分析[J]. 职教通讯, 2021, 36(3): 59-65.

[12] 姜汉荣. 职业学校融合教学: 体系建构与实践[M]. 南京: 江苏凤凰教育出版社, 2022.

[13] 井文. 中等职业学校校园文化建设研究[D]. 上海: 华东师范大学, 2020.

[14] 李惠斌. 论职业教育的利益相关者[J]. 北京市工会干部学院学报, 2010, 25(4): 50-52.

[15] 李名梁,吴书瑶.职业教育院校与外部利益相关者的博弈分析及发展策略[J].理论与现代化,2013(1):106-111.

[16] 李志军,易小邑,李丽能."增强职业教育适应性"的历史话语流变与当代提升路径[J].教育与职业,2022,18(8):29-36.

[17] 吕建强,许艳丽.学习工厂:迈向工业4.0的技能人才培养新模式[J].电化教育研究,2021,42(7):106-113.

[18] 潘建萍,钟禹霖,俞宝明.职业教育高质量转型发展背景下"双师"素质的时代内涵[J].卫生职业教育,2021,39(20):2-4.

[19] 蒲蕊.新时代学校治理的价值追求[J].中国教育学刊,2021(4):1-4.

[20] 孙惠丽,林瑞华.唯科学主义视域下的职业教育及其超越[J].职教论坛,2014(7):72-74.

[21] 汪治,刘红燕.职业教育类型的时代特性与特征探究及其启示[J].职教论坛,2021,37(4):26-32.

[22] 杨海华.基于治理理论的现代职业学校制度建设的探索[J].中国职业技术教育,2019(34):53-58.

[23] 杨玉芹.从职业能力到职业素养:当代职业教育发展的价值超越[D].锦州:渤海大学,2012.

[24] 郑锡伟.职业教育专业升级与数字化改造建设研究[J].辽宁高职学报,2022,24(6):43-46.

[25] 庄西真,郝天聪.现代职业教育:体系、治理与转换[M].南京:江苏凤凰教育出版社,2017.

后　记

　　2017年下半年,组织安排我担任学校校长。彼时,党的十九大胜利召开,习近平总书记关于教育的重要论述引起了强烈反响,我国职业教育开始走向改革的深水区,这也赋予了我们这些职业学校的管理者更多的职责和使命。2019年1月,国务院印发《国家职业教育改革实施方案》,这是办好新时代职业教育的顶层设计和施工蓝图。随后,有关职业教育改革与发展的政策供给明显增多,一系列政策文件密集出台,搭建起职业教育高质量发展的"四梁八柱"。新阶段、新目标、新要求,围绕构建现代职业教育体系,各地纷纷推进实施专业建设、教师队伍建设等各类创建项目。我深知,重大项目建设是学校获得办学投入资金和发展上新台阶的重要途径,在社会参与职教办学积极性普遍不高的情况下,我们必须一招不让。但面对接踵而来的创建项目,以工作任务式的方式去推进落实,我感觉到似乎缺少了主线和灵魂,总是融入不到学校整体发展规划中去。如何把创建项目有机融入长远的办学规划之中,以创建项目示范、带动和促进学校可持续发展,成为一直压在我心头的一块石头,有些沉重。这也是引起我在办学实践中打开学术思维之命门的缘由。

　　融合,是职业学校因应产教融合、职普融通、科教融汇等宏观叙事的发展必然,昭示着现代职业教育的发展是主体多元的、开放共享的、与社会紧密连接的。这不是简单的"1+1"的关系,而是职业教育发展的一种结构化变革,并在理论上成为职业教育产生新功能、创造新价值的基石。我多年来在教学上对融合教学改革的探索,给了我诸多办学上的思考。本质上,这是一种迁移,是由教学主张到办学思维的一种传承和跃升。

　　升级,是职业学校在自身发展规律关照下的基本目标和应然方式,这既是社会转型升级的需要,也是现代职业教育提档升级的需要。现阶段,职业教育要服务好学生全面发展、经济社会发展和国家重大发展战略,就必须要有更大的格局和境界,还必须找到更加强劲的动力源。从某种意义上来说,升级是职业学校人才培养规格与质量满足社会和产业发展需要的内在诉求,包括职业学校发展方式方法的突破,对发展内涵的新的诠释和理解等。这也是我实现办学理想的一种过程表达。

超越,是职业学校在充分竞争环境下的基本状态和应然表达,是保持发展优势和活力的具体体现。这首先是自我超越,就是要在继承中不断发展。一路走来,岁月涤荡掉尘世铅华,不变的是学校精神和不断突破、超越的底色。其次是超越他者,从20世纪90年代"江苏职教界的一面旗帜",到进入新时代以来的"县域职业教育现代化实践的'通州样本'",再到目前的领航建设,我们始终站在改革前创新的前沿,引领时代风骚数十载。这是我对学校发展的信念与使命,也是我的一份坚守。

感谢我的导师史国栋教授和"苏教名家"培养导师团郭志明团长所给予的支持和鼓励,他们总让我在犹豫踯躅之时坚定信心、获得力量。感谢刘克勇书记、王国强院长、方健华所长、吴访升书记、陈明选教授、桑志芹教授、庄西真教授等"苏教名家"培养导师团的各位导师和南通市中小学名师培养导师团的各位领导、专家在我成长之路上给予的引导、扶持和帮助!感谢江苏省教育科学研究院职业教育与终身教育研究所、江苏省职业技术教育科学研究中心、南通市教育科学研究院给我、给学校搭建了一次次交流展示的平台!感谢南通市教育局和通州区委区政府以及区教体局对学校、对我的关心、支持和帮助!感谢中国职业技术教育学会常务副会长、教育部职业教育发展中心原主任王扬南先生拨冗为本书作序!同时也感谢通州中专各位志同道合的同事能够把"融合、升级、超越"办学理念真诚、无私、坚定地付诸实践,为学校改革与发展付出努力、做出贡献。我想,通州中专能够走到今天,变成今天的模样,一定离不开每一个人。

"顺木之天,以致其性焉尔。"从教学到教育,从"办学校"到"做教育",我的成长依稀可见,但还在路上。我将继续坚持高质量发展这一时代的首要任务,遵循职业教育办学规律,把"努力办一所充盈着生命生长的职业学校"办学理想真切转换为时代的生动实践!

姜汉荣

2023 年 9 月于古沙